Madame Bovary

Gustave Flaubert

Bac
Épreuve de littérature

Lire - Écrire - Publier

Madame Bovary

Gustave Flaubert

Guillaume Bardet
Dominique Caron

ellipses

ISBN 978-2-340-001190

32, rue Bargue 75740 Paris cedex 15

www.editions-ellipses.fr

Les auteurs

Guillaume Bardet

Ancien élève de l'École normale supérieure de la rue d'Ulm. Agrégé de lettres classiques.

Dominique Caron

Agrégé de lettres modernes.

En attendant Bouvard et Pécuchet

G. B. et D. C.

PRÉFACE

Aucune œuvre, semble-t-il, ne pouvait mieux illustrer l'objet d'étude « lire-écrire-publier ».

D'abord parce que *Madame Bovary* marque une date importante dans l'histoire littéraire. Tous les contemporains, même les plus critiques, s'accordent, en effet, à reconnaître la valeur du style de Flaubert et l'originalité du sujet. Il s'agit bien d'une œuvre majeure, universellement reconnue comme telle.

Ensuite, et surtout, parce que *Madame Bovary* répond très exactement à l'objectif assigné à cet objet d'étude : « analyser une œuvre dans sa globalité, qui peut aller de la genèse jusqu'à la réception. »

Car la publication de la totalité des lettres, notes et manuscrits de Flaubert, a permis non seulement de découvrir une personnalité bien différente de celle qu'on pouvait imaginer à partir de son roman, mais aussi de suivre, au jour le jour, ou presque, le long processus de création de l'œuvre, d'en connaître les sources à partir de ses lectures, de partager ses doutes, ses hésitations, ses repentirs, et de reconnaître, avec lui, que le talent ne suffit pas pour composer un roman digne de ce nom, que le style exige du travail, beaucoup de travail.

Mais, face aux réticences de l'éditeur et au procès retentissant qui suit la publication de *Madame Bovary*, en 1857, la correspondance de Flaubert nous apprend également qu'une œuvre est le fruit, souvent amer, d'un contexte politique, social ou moral dans lequel elle s'inscrit et qui ne lui est pas toujours favorable ; 1857 est aussi l'année qui voit la condamnation d'une autre œuvre capitale : *Les Fleurs du mal* de Baudelaire.

Ainsi l'objet d'étude nous invite-t-il à lire et à relire *Madame Bovary* à partir de sa genèse, aussi longue que douloureuse pour le romancier, et de sa publication tout autant problématique. Écrire, publier et lire, tels seront les axes de notre réflexion.

Première partie

L'AUTEUR ET LE CADRE HISTORIQUE

Vie et œuvre de Gustave Flaubert

« L'auteur, dans son œuvre, doit être comme Dieu dans l'univers, présent partout, et visible nulle part[1]. »

« Je n'aime pas intéresser avec ma personne[2]. »

Sans vouloir remettre en question la distinction entre moi de l'écrivain et moi mondain, entre l'écrivain et l'homme, si définitivement exposée par Proust dans son *Contre Sainte-Beuve*[3], force est de constater que Flaubert, malgré ses affirmations sur l'absence de l'auteur dans son œuvre, a tout de même multiplié les déclarations plus ambiguës, voire contradictoires sur le sujet. *Madame Bovary* se révèle peut-être un de ses livres les plus riches et les plus complexes sur ce plan. Nous avons donc pris le parti d'assortir l'exposé de la biographie de Flaubert de quelques citations, pour la plupart empruntées à sa correspondance, susceptibles de suggérer des passerelles, un peu forcées et fragiles sans doute, entre sa vie et tel ou tel aspect de son roman.

Nous avons également choisi de détailler davantage les premières années jusqu'au succès de *Madame Bovary* et de passer plus rapidement sur la suite de sa vie et de sa carrière[4].

Gustave Flaubert **naît à Rouen le 12 décembre 1821** de Cléophas Flaubert et Anne-Justine Fleuriot.

1. À Louise Colet, 9 décembre 1852.
2. Lettre à Tourguenieff, citée par Victor Bromberg, *Flaubert*, Seuil, Écrivains de toujours, 1971, p. 5.
3. Par exemple : « [...] un livre est le produit d'un autre *moi* que celui que nous manifestons dans nos habitudes, dans la société, dans nos vices. », Gallimard, coll. Idées, 1954, p. 157.
4. Les ouvrages biographiques ne manquent pas sur Flaubert. On peut citer de Herbert Lottman, *Gustave Flaubert*, Hachette, coll. Pluriel, 1990 ou de Jacques Neefs et Claude Mouchard, *Flaubert*, Balland, 2001.

« Je suis né à l'hôpital (de Rouen – dont mon père était le chirurgien en chef ; il a laissé un nom illustre dans son art) et j'ai grandi au milieu de toutes les misères humaines dont un mur me séparait. Tout enfant, j'ai joué dans un amphithéâtre. Voilà pourquoi, peut-être, j'ai des allures à la fois funèbres et cyniques[1]. »

Flaubert parle ailleurs de ces spectacles qui « virilisent », comme celui des folles à moitié dénudées qui hurlent en s'arrachant le visage. Il faut avoir la chance, soutient-il, de les contempler assez jeunes, à 6 ou 7 ans[2] !

« L'amphithéâtre de l'Hôtel-Dieu donnait sur notre jardin. Que de fois, avec ma sœur, n'avons-nous pas grimpé au treillage et, suspendus entre la vigne, regardé curieusement les cadavres étalés ! Le soleil donnait dessus ; les mêmes mouches qui voltigeaient sur nous et sur les fleurs allaient s'abattre là, revenaient, bourdonnaient ! [...] *Je vois encore mon père levant la tête de dessus sa dissection et nous disant de nous en aller. Autre cadavre aussi, lui*[3]. »

Il est le **second enfant**, né huit ans après son frère aîné, **Achille**, qui prendra la succession de son père. Il sera suivi en 1824 d'une petite sœur, **Caroline**.

Il naît donc dans une **famille de notables** dont le prestige et l'honorabilité seront d'ailleurs mis en avant par Me Sénard dans sa plaidoirie. Chirurgien raté ? Même pas officier de santé comme Charles, Flaubert, dont Sainte-Beuve dira qu'il manie la plume comme un scalpel, est représenté dans une célèbre caricature en tablier de chirurgien, le cœur sanglant

1. Lettre à Mlle Leroyer de Chantepie du 30 mars 1857.
2. Gérard Genette relève dans l'épisode du fiacre l'étrange passage au présent qui fixe soudain la contemplation sur « les jardins de l'Hôpital où des vieillards en veste noire se promènent au soleil, le long d'une terrasse toute verdie par des lierres. » in *Figures I*, Seuil, 1966, coll. « Points », p. 239.
3. À Louise Colet, 7 juillet 1853.

d'Emma fiché à la pointe du scalpel dans une main et une énorme loupe dans l'autre[1] !

En 1832, Flaubert entre en 8e au collège de Rouen où il **fait la connaissance d'Alfred Le Poittevin, Ernest Chevalier et Louis Bouilhet** qui deviendra son ami intime et à qui il dédiera *Madame Bovary.* Très tôt il se passionne pour la littérature et se met à écrire, en particulier comme rédacteur d'une revue littéraire qu'il intitule *Art et Progrès.*

> « *Je fus au collège dès l'âge de dix ans et j'y contractai de bonne heure une profonde aversion pour les hommes* [...]. *J'y vécus donc seul et ennuyé, tracassé par mes maîtres et raillé par mes camarades. J'avais l'humeur railleuse et indépendante, et ma mordante et cynique ironie n'épargnait pas plus le caprice d'un seul que le despotisme de tous*[2]. »

En vacance à Trouville durant l'été **1836**, Flaubert rencontre **Elisa Schlésinger**, âgée de 26 ans, compagne (puis épouse) de l'éditeur de musique Maurice Schlésinger. Il conçoit pour elle une violente passion qu'il relatera dans les ***Mémoires d'un fou* en 1838**. Cette rencontre puis sa fréquentation du couple par la suite à Paris inspireront aussi à Flaubert les deux versions de *L'Éducation sentimentale* (1845 et 1869).

En 1837, il **collabore au *Colibri*, un journal de Rouen**, pour quelques nouvelles : *Rêve d'enfer, Passion et vertu* (qui, par certains côtés annonce *Madame Bovary*), *Bibliomanie* ou *Une leçon d'histoire naturelle, genre commis*[3].

C'est à cette époque qu'il crée avec ses amis **le personnage du *Garçon***, premier avatar de toutes les incarnations

1. *Flaubert faisant l'autopsie de Madame Bovary*, caricature de Lemot, 1869 (Bibliothèque nationale).
2. *Mémoires d'un fou.*
3. Où l'on peut s'amuser à retrouver dans le personnage l'esquisse de Charbovari ou Bouvard et Pécuchet.

à venir de la bêtise bourgeoise dans son œuvre. Il s'amusait à interpréter avec eux, chacun à tour de rôle, ce personnage de bourgeois ridicule dans des sketches.

> « *Le Garçon avait des gestes propres, qui étaient des gestes d'automate, un rire saccadé et strident, qui n'était pas du tout un rire, une force corporelle énorme.* [...] *chaque fois qu'on passait devant une cathédrale de Rouen. L'un disait aussitôt : "C'est beau, cette architecture gothique, ça élève l'âme." Aussitôt, celui qui faisait le Garçon pressait son rire et ses gestes : – Oui, c'est beau et la Saint-Barthélemy aussi ! Et l'Édit de Nantes et les dragonnades, c'est beau aussi*[1] *!* »

Il achève en 1839 *Smarh*, « un vieux mystère » qui annonce *La Tentation de Saint Antoine*.

Malgré son renvoi du lycée à la suite d'un chahut, il **obtient son baccalauréat en 1840**. Au cours des vacances passées dans les Pyrénées et en Corse, il rencontre à Marseille Eulalie Foucaud qui lui inspirera *Novembre*.

Il s'inscrit à la **faculté de droit de Paris en 1841**, mais ne passera son premier examen qu'en décembre de l'année suivante.

> « *Ne crois pas cependant que je sois irrésolu sur le choix d'un état. Je suis bien décidé à n'en faire aucun. Car je méprise trop les hommes pour leur faire du bien ou du mal. En tout cas, je ferai mon droit, je me ferai recevoir avocat, même docteur, pour fainéantiser un an de plus. Il est fort probable que je ne plaiderai jamais à moins qu'il ne s'agisse de défendre quelque criminel célèbre, à moins que ce ne soit dans une cause horrible. Quant à écrire ? je parierais bien que je ne me ferai jamais imprimer ni représenter. Ce n'est point la crainte d'une chute mais les tracasseries du libraire et du théâtre qui me dégoûteraient. Cependant si*

---

1. *Journal des Goncourt*, 10 avril 1860, Robert Laffont, coll. Bouquins, p. 551.

jamais je prends une part active au monde ce sera comme penseur et comme démoralisateur. Je ne ferai que dire la vérité, mais elle sera horrible, cruelle et nue. »

En 1843, il se lie d'amitié avec Maxime Du Camp et commence à rédiger la première version de *L'Éducation sentimentale*. Il échoue à l'examen de la deuxième année de droit.

« *Je me fous pas mal du Droit, pourvu que j'ai celui de fumer ma pipe et de regarder les nuages rouler au ciel, couché sur le dos en fermant à demi les yeux. C'est tout ce que je veux. Est-ce que j'ai envie de devenir fort, moi, d'être un grand homme, un homme connu dans un arrondissement, dans un département, dans trois provinces, un homme maigre, un homme qui digère mal ? Est-ce que j'ai de l'ambition, comme les décrotteurs qui aspirent à être bottiers, les cochers à devenir palefreniers, les valets à faire les maîtres, l'ambition d'être député ou ministre, décoré et conseiller municipal ? Tout cela me semble fort triste et m'allèche aussi peu qu'un dîner à 40 sous ou un discours humanitaire.* »

Lors d'un déplacement à Pont-l'Évêque **en janvier 1844, il est victime d'une crise nerveuse**, sans doute une crise d'épilepsie.

« *Chaque attaque était comme une sorte d'hémorragie de l'innervation. C'était des pertes séminales de la faculté pittoresque du cerveau, cent mille images sautant à la fois, en feux d'artifices*[1]. »

Il renonce donc à ses études de droit et s'installe dans la grande maison dont son père vient de faire l'acquisition à Croisset au bord de la Seine. Il y passera l'essentiel de sa vie consacrée à l'écriture.

1. À Louise Colet, 7 juillet 1853.

« Ma maladie aura toujours eu l'avantage qu'on me laisse m'occuper comme je l'entends, ce qui est un grand point dans la vie. Je ne vois pas qu'il y ait au monde rien de préférable pour moi, à une bonne chambre bien chauffée, avec les livres qu'on aime et tout le loisir désiré. »

Toute la famille accompagne en 1845 Caroline en voyage de noces en Italie. Flaubert découvre à Gênes le tableau de Bruegel qu'il rêve de transposer sous forme théâtrale dans *La Tentation de Saint Antoine.*

L'année 1846 est marquée par les deuils. Le 15 janvier Flaubert perd **son père** et le 20 mars **sa sœur Caroline** qui vient de mettre au monde à 21 ans une petite fille, Désirée Caroline, qui sera élevée à Croisset par sa grand-mère et dont Flaubert s'occupera assidûment. Achille prend la succession de leur père à l'Hôtel-Dieu.

« Quel changement depuis que nous ne nous sommes vus ! Mon père parti d'abord, puis elle ensuite, ma pauvre Caroline que j'aimais tant, dont j'étais si fier ! [...] *Comme elle a souffert ! comme elle a souffert ! Tantôt elle poussait des cris déchirants ou geignait douloureusement*[1]*. »*

Peut-être le tableau d'Emma sur son lit de mort rappelle-t-il celui de la sœur chérie enterrée dans sa robe de mariée. En tout cas, Flaubert sort bouleversé de ces épreuves.

« Reste toujours comme tu es, ne te marie pas, n'aie pas d'enfants, aie le moins d'affections possible, offre le moins de prise à l'ennemi. J'ai vu de près ce qu'on appelle le bonheur et j'ai retourné sa doublure ; c'est une dangereuse manie que de vouloir le posséder[2]*. »*

Il devient l'ami de Louis Bouilhet et rencontre la poétesse Louise Colet dans l'atelier du sculpteur Pradier.

1. Lettre à Ernest Chevalier du 5 avril 1846.
2. Lettre à Emmanuel Vasse de Saint-Ouen du même jour.

Elle sera sa correspondante, sa confidente et sa maîtresse dans une liaison assez tumultueuse qui durera jusqu'en 1854 (avec une première rupture entre 1848 et 1851).

De mai à juillet 1847, il parcourt la plupart du temps à pied la Touraine et la Bretagne en compagnie de Maxime du Camp, excursion qu'ils relatent dans un livre dont ils rédigent les chapitres alternativement : *Par les champs et par les grèves.*

En **février 1848**, Flaubert, récemment arrivé **à Paris** avec Louis Bouilhet, observe les combats autour de la rue Helder et du Palais-Royal **pendant la révolution**.

Après avoir enterré son ami Alfred Le Poittevin en avril, il débute en mai la **rédaction de *La Tentation de Saint Antoine***. Achevée en 1849, l'œuvre, lue à Maxime Du Camp et Louis Bouilhet durant trente-deux heures sur quatre jours, est condamnée fermement par les deux amis qui l'incitent à choisir un sujet plus prosaïque.

En novembre 1849, il s'embarque pour un voyage de dix-huit mois en Orient en compagnie de Maxime Du Camp qui en rapportera un reportage photographique. Ils séjournent deux mois au Caire, remontent le Nil jusqu'à la première cataracte, reviennent par Alexandrie, Rhodes, la Grèce, l'Italie, l'Allemagne et la Belgique.

De retour à Croisset en juin 1851, Flaubert commence la composition de *Madame Bovary* en septembre. L'essentiel de la vie de l'écrivain sera consacrée à l'écriture du roman jusqu'au 30 avril 1856 où il met le point final au manuscrit.

La première partie est achevée en août 1852, la deuxième en 1854, année marquée par un refroidissement des relations avec Maxime Du Camp et la rupture avec Louise Colet. À partir de 1855, Flaubert s'installe quelques mois à Paris boulevard du Temple. Il y fréquente les Goncourt et George

Sand. À partir du 1er octobre 1856, la *Revue de Paris* publie le texte en six livraisons et, malgré des coupes, **Flaubert est cité à comparaître en procès avec son éditeur le 29 janvier 1857**. Après l'acquittement, le roman paraît en avril chez Michel Lévy et obtient un grand succès. Pendant ce temps, Flaubert remanie *La Tentation de Sant Antoine*, mais cette deuxième version ne sera pas publiée[1].

À la fin de l'année, il rédige le premier chapitre de son futur roman, *Carthage*, qui deviendra *Salammbô*, le « conte oriental » dont il rêve depuis si longtemps.

> *« Je vais écrire un roman dont l'action se passera trois siècles avant Jésus-Christ, car j'éprouve le besoin de sortir du monde moderne où ma plume s'est trop trempée et qui d'ailleurs me fatigue autant à reproduire qu'il me dégoûte à voir[2]. »*

Flaubert passe une bonne partie de l'année 1858 à Paris où, tout en travaillant à son roman carthaginois, il mène une vie publique assez active. Il repart pour la Tunisie visiter le site de Carthage d'avril à juin.

En 1862, il achève *Salammbô* qui paraît en novembre aux éditions Lévy.

Jusqu'en 1868, Flaubert consacre une part de son temps à une vie mondaine. On le voit dans les salons. Il rencontre Tourgueniev aux dîners Magny créés par Sainte-Beuve. Il entame avec George Sand une correspondance poursuivie jusqu'à la mort de cette dernière en 1876. Il est reçu chez la princesse Mathilde puis chez l'Empereur en novembre 1854. Ultime consécration, il est invité au grand bal donné aux

1. Mis à part des fragments dans *L'Artiste* en décembre 1856 et début 1857.
2. Lettre à Mlle Leroyer de Chantepie du 18 mars 1857.

Tuileries à l'occasion de l'Exposition universelle le 10 juin 1857.

> *« Les souverains désirant me voir comme une des plus splendides curiosités de la France, je suis invité à passer la soirée avec eux lundi prochain*[1]. »

Flaubert travaille à deux plans de romans, *Bouvard et Pécuchet* et *L'Éducation sentimentale*, et finit par se décider pour le second dont il entame la rédaction en septembre 1864 après un an de réflexion et de préparations.

En 1869, il achève *L'Éducation sentimentale* qui ne connaît pas le succès à sa publication. Il **reprend *La Tentation de Saint Antoine* qu'il achèvera en 1872** et fera publier en 1874 aux éditions Charpentier après sa brouille avec Lévy.

Entretemps, il a connu la guerre de 1870, la Commune, mais aussi des deuils plus personnels, la disparition de Sainte-Beuve, Louis Bouilhet, puis Jules de Goncourt et Duplan.

En 1872, il entame ses premières lectures pour *Bouvard et Pécuchet* dont il n'entreprendra la rédaction que deux ans plus tard. Œuvre testament qui résume toute sa croisade contre la bêtise, le roman lui demandera la lecture de près de 1 500 volumes.

Les dernières années sont rendues douloureuses par une situation financière préoccupante : après la faillite de sa nièce, Flaubert est contraint de vendre ses biens et de réduire son train de vie[2]. À ses tracas il faut ajouter son état de santé.

Il suspend donc la rédaction de son roman et **entreprend d'écrire *La Légende de Saint Julien l'Hospitalier, Un cœur***

1. Lettre à sa nièce Caroline du 7 juin 1867.
2. À partir de 1879, un poste de conservateur hors-cadre à la bibliothèque Mazarine, obtenu par ses amis, vient compléter sa pension du ministère de l'Instruction publique.

***simple* puis *Hérodias* qui, réunis sous le titre *Trois contes*, paraissent en 1877** et connaissent le succès.

Il reprend ensuite ***Bouvard et Pécuchet* interrompu par sa mort brutale le 8 mai 1880**. En mars 1881, le roman, inachevé[1], paraît.

> *« Je ne doute pas du bon vouloir de M. Duruy, mais j'imagine que l'idée lui a été quelque peu suggérée par une autre ? Aussi le ruban rouge est-il pour moi plus qu'une faveur, presque un souvenir. Je n'avais pas besoin de cela pour penser souvent à la princesse Mathilde*[2]. »

Oh ! mais, n'oublions pas en effet qu'entre-temps, le 15 août 1866, « il vient de recevoir la croix d'honneur ».

Le contexte historique, social et artistique

La Monarchie de juillet

Après les « Trois Glorieuses » (**27, 28 et 29 juillet 1830**), le roi Charles X part pour l'exil, le duc d'Orléans prête serment sur la Charte révisée et devient **Louis-Philippe Ier**, roi des Français. À la dynastie des Bourbons succède donc la branche des Orléans, le drapeau tricolore remplace le drapeau blanc[3] ; commence ce qu'on a pu appeler la « **Monarchie bourgeoise** » pour un peu moins de vingt ans. En **février 1848**,

1. Il manque le dernier chapitre que nous connaissons par le plan et les notes de Flaubert.
2 Lettre à la princesse Mathilde du 16 août 1866.
3. Ce n'est qu'un symbole. Si Delacroix le décline largement dans son tableau célébrant la révolution, *La Liberté guidant le peuple* (1830), Flaubert, lui, le réduit ironiquement au « drapeau tricolore de fer blanc [qui] tourne toujours au haut du clocher de l'église. » Autre symbole de ce nouveau roi bourgeois, le parapluie : on pourra s'amuser à en relever les multiples apparitions dans le roman.

après une nouvelle révolution, la **Seconde République** voit le jour avant d'être à son tour renversée par le **coup d'État de** son premier président élu, **Louis-Napoléon Bonaparte**, le **2 décembre 1851**. Un an plus tard, jour pour jour, commence officiellement le **Second Empire** de Napoléon III.

On pourra d'abord faire observer que pour un roman « réaliste », ancré dans l'Histoire, il se révèle paradoxalement très silencieux sur les dates ou les événements historiques[1]. Il offre deux bornes chronologiques : la première, précise, l'année 1812 où le père de Charles est compromis dans une affaire de conscription, la seconde, plus floue, repose sur le fait que le roi Louis-Philippe règne encore à la fin du roman puisque Homais « adress(e) au souverain une pétition où il le suppli(e) de lui faire justice. » On peut dès lors en déduire que l'histoire se déroule durant les dix dernières années de la Monarchie de juillet, de 1836 à 1847[2].

Très symboliquement cependant **Flaubert choisit de gommer les événements historiques** : il professe le plus grand mépris pour la politique et les mythes révolutionnaires[3]. Quand il consacrera la dernière partie de *L'Éducation sentimentale* à la révolution de 1848, ce sera pour la dépouiller de toute l'imagerie dont on l'a parée[4]. Par ailleurs, le sous-titre du roman, « Mœurs de province », qui n'est pas sans

1. À peine mentionne-t-il « les dernières années du règne de Charles X » durant lesquelles l'église d'Yonville « a été rebâtie à neuf ».
2. Pour une tentative de restitution plus précise de la chronologie du roman, voir le chapitre sur le temps p. 119-138.
3. « Je n'ai de sympathie pour aucun parti politique ou pour mieux dire je les exècre tous parce qu'ils me semblent également bornés, faux, puérils, s'attaquant à l'éphémère, sans vues d'ensemble et ne s'élevant jamais au-dessus de l'*utile*. », Lettre à Mlle Leroyer de Chantepie du 30 mars 1857.
4. Il s'inscrit bien là en réaction contre le romantisme mais de façon encore plus radicale qu'un Stendhal. Ce dernier en effet met en scène de jeunes héros frappés par la désillusion mais encore portés par les

évoquer la typologie balzacienne, indique que Flaubert s'intéresse davantage à ce que les historiens contemporains comme Fernand Braudel qualifieraient de « temps long » et qu'il peint plutôt les permanences d'une société. Les seules dates historiques présentes sont regroupées dans la visite de la cathédrale et Flaubert les tourne en ridicule en les mettant dans la bouche du Suisse faisant l'article.

En ce sens, il faut ajouter que l'atmosphère qui baigne **le roman reflète sans doute aussi l'époque de sa composition, le Second Empire** qui, par certains côtés, prolonge la révolution industrielle inaugurée au régime précédent et confirme le triomphe du parti de l'ordre et des notables après la parenthèse de 1848. Si Flaubert se félicite d'abord que l'autoritarisme de l'Empire le délivre des discours convenus sur le peuple, il garde ses distances et y retrouve bien vite toute la bêtise et la violence qui l'écœurent. Les bons bourgeois se sont donné un ersatz d'Empereur, tout comme Homais a fièrement baptisé son garçon Napoléon[1].

Cependant, même sans références historiques précises, ***Madame Bovary* offre un tableau assez fidèle de la société de l'époque** et de bien des aspects de la Monarchie de juillet.

L'essor de l'économie

Comme le laisse entendre le discours de Lieuvain aux comices, le règne de Louis-Philippe a bien été marqué par une **croissance notable** (+38 % pour l'agriculture, +66 % pour l'industrie), une **accélération de la commercialisation** de la vie économique dont le personnage de Lheureux, au

rêves glorieux ; chez Flaubert, les références même ont totalement disparu.

1. « Napoléon le petit » en somme, pour reprendre le sobriquet dont Victor Hugo avait affublé le neveu de son oncle.

nom révélateur, constitue l'illustration emblématique. La première cause en est le **développement des transports** et « des voies nouvelles de communication » que célèbre le Conseiller. C'est d'ailleurs le même Lheureux qui projette :

> « *un nouveau service de diligences* [...] *qui, marchant plus vite, étant à un prix plus bas et portant plus de bagages, lui mettrait ainsi dans les mains tout le commerce d'Yonville.* »

Rêve séduisant, même si la paisible bourgade, par conservatisme paysan, peine à tirer avantage de « ses *débouchés nouveaux* », comme l'écrit Flaubert en soulignant le néologisme. Les **progrès de la mécanisation** sont pourtant déjà sensibles dans le domaine industriel comme en témoignent la visite à la nouvelle filature de lin (II, 5), la rencontre avec un filateur plein de suffisance au foyer de l'opéra de Rouen (II, 15) et, pour finir, l'envoi de la petite Berthe dans une filature de coton (III, 11). En suivant, si l'on peut dire, le fil de ces références plutôt anecdotiques en apparence, on perçoit la subtilité de la méthode du romancier qui suggère bien, en filigrane, la montée en puissance de l'industrie.

L'agriculture connaît, elle aussi, des progrès malgré les limites. Le Conseil général de l'Agriculture, créé en 1831, encourage la création des sociétés départementales d'Agriculture ; sous l'impulsion des préfets sont organisés des **concours agricoles**. Grâce en particulier à un recours plus large aux engrais, on constate un accroissement des rendements et des productions. Le chapitre des comices, en particulier les considérations d'Homais[1], en offre une illustration parfaite même si le regard que porte le romancier sur ces manifestations est d'une rare férocité.

1. « Plût à Dieu que nos agriculteurs fussent des chimistes, ou que du moins ils écoutassent davantage les conseils de la science ! »

Les transformations sociales

Sur le plan social, la **population demeure divisée entre les classes dirigeantes et le peuple** que sépare un abîme.

Même si la Monarchie de juillet est réputée marquer le triomphe de la bourgeoisie, il convient de nuancer la vision parfois simpliste qu'on en donne. **L'aristocratie joue toujours un rôle** même si elle s'est souvent retirée sur ses terres. Elle y exerce encore une influence notable sur le plan économique et politique à l'image du marquis d'Andervilliers depuis son château de la Vaubyessard. Le roman met surtout en scène, il est vrai, cette bourgeoisie triomphante plutôt constituée à l'époque de propriétaires terriens complétant leurs revenus par l'exercice de professions libérales ou dans la fonction publique[1]. Rodolphe, récent acquéreur du domaine de la Huchette, recherche la respectabilité des **notables de la terre** pour faire oublier la vie plus dissolue qu'il a connue. Il faut souligner l'importance des **notables de la culture**, Homais le pharmacien, Charles, l'officier de santé, Canivet et Larivière, les médecins, le notaire Maître Guillaumin et l'abbé Bournisien. Malgré le développement de l'enseignement primaire depuis la loi Guizot de 1833 (14 000 communes sans écoles en 1829, 3213 seulement en 1847), le personnage de l'instituteur, qui jouera un grand rôle dans *Bouvard et Pécuchet*, n'apparaît encore à Yonville que de façon épisodique au même rang que le garde champêtre[2]. L'enseignement néanmoins n'a pas déserté le roman puisque nous y entrons par « l'étude » et que nous suivons celles de Charles. Tous ces personnages visent une **notabilité politique** comme le

1. La grande bourgeoisie d'affaires parisienne où l'on voit souvent l'incarnation du nouveau régime, demeure l'exception.
2. « Tous les jours, à la même heure, le maître d'école en bonnet de soie noire, ouvrait les auvents de sa maison, et le garde champêtre passait, portant son sabre sur sa blouse. » (I, 9)

marquis manipulant les petits bourgeois influents comme Charles, ou le maire, Tuvache, gros propriétaire, ou Homais qui a fait fortune et convoite la croix, ultime reconnaissance. On peut adjoindre à ce groupe les **petits bourgeois** comme la mère Lefrançois, tenancière du *Lion d'or* ou Binet, l'ancien percepteur.

En face, le **petit peuple du village**, la mère Rolet tâchant de faire vivre péniblement son ménage par son travail de nourrice et les petits avantages qu'elle s'emploie à en retirer (un peu de beurre, de l'eau de vie), le garçon d'écurie de l'auberge, Hippolyte, Lestiboudois, homme à tout faire, véritable incarnation du système D, Justin, l'aide préparateur de la pharmacie, ou Théodore et Félicité, les domestiques.

Enfin, la **majeure partie de la population** est **encore constituée de paysans** mais il convient de distinguer des situations fort différentes. Le père Rouault incarne la **paysannerie riche** avec la ferme des Bertaux, la riche noce qu'il offre à sa fille et où se pressent des voisins soigneusement hiérarchisés par leurs vêtements de cérémonies[1]. Tout en bas, l'on a les **paysans pauvres**, jusqu'aux **valets de ferme ou journaliers** qui trouveront leur figure emblématique en « Catherine-Nicaise-Elisabeth Leroux, de Sassetot-la-Guerrière, [...] ce demi-siècle de servitude. »

Le Conseiller peut bien se féliciter en effet que les vertus du peuple demeurent « silencieuses », et s'il est de bon ton de s'intéresser à son sort pour trouver d'hypothétiques moyens de procéder à « l'extinction du paupérisme[2] », comme

1. « Quelques-uns encore (mais ceux-là, bien sûr, devaient dîner au bas bout de la table) portaient des blouses de cérémonies ».
2. C'est le titre d'un ouvrage publié en 1844 par Louis-Napoléon Bonaparte, le futur Napoléon III, influencé par les idées saint-simoniennes.

Homais à la fin du roman[1], le plus sûr moyen de régler le problème demeure comme toujours le grand renfermement dont sera victime celui qui décidément ne peut s'intégrer : le mendiant aveugle.

La vie politique

Dans le domaine politique, **l'écart se creuse entre ce que l'on baptise pays légal et pays réel**. Dans la **monarchie censitaire** en effet seuls votent ou sont éligibles les hommes payant un certain impôt. Même si le montant exigible a quelque peu diminué par rapport à celui de la Restauration, le suffrage censitaire demeure étroit : en 1831 on compte 167 000 électeurs, en 1846, 241 000, soit 1 électeur pour 170 habitants ou 1 pour 40 électeurs au suffrage universel. Les **élections** sont pourtant **l'occasion d'innombrables manœuvres et tractations** que Stendhal s'est plu à raconter dans *Lucien Leuwen*[2] et dont on trouve aussi l'écho dans *Madame Bovary*[3]. C'est particulièrement vrai au niveau municipal où le droit de vote a été élargi en 1831 et porté à 1/10 de la population dans les petites communes[4]. Flaubert ne fait qu'évoquer ces pratiques à propos du marquis d'Andervilliers qui « préparait de longue

1. « Il se préoccupa des grandes questions : problème social, moralisation des classes pauvres, pisciculture, caoutchouc, chemin de fer etc. » Flaubert s'amuse à noyer ce souci au milieu d'une énumération fourre-tout.
2. Ce roman, écrit en 1834 et demeuré inachevé, met en scène un jeune homme chassé de l'École polytechnique pour ses idées libérales et se cherchant une place dans la société. Grâce à son père, banquier, il devient secrétaire du ministre de l'intérieur, et participe ainsi aux truquages des élections législatives en Normandie.
3. « Secrétaire d'État sous la Restauration, le marquis, cherchant à rentrer dans la vie politique, préparait de longue main sa candidature à la Chambre des députés. » (I, 7)
4. En 1834, on compte 2 900 000 électeurs municipaux, soit 15 fois plus que de nationaux.

main sa candidature à la Chambre des députés[1] », et dans une phrase volontairement énigmatique sur Homais : « Il rendit secrètement à M. Le Préfet de grands services dans les élections ». De fait, le **pouvoir** demeure **très centralisé**, il nomme maires et adjoints et l'on voit bien dans le roman tous les personnages s'employer, à l'image du pharmacien, pour paraître à leur avantage aux yeux de ses représentants, si modestes soient-ils. Tout cela peut aboutir à des scènes cocasses comme la rivalité entre le percepteur Binet et le colonel des pompiers qui « l'un et l'autre pour montrer leurs talents, faisaient à part manœuvrer leurs hommes ».

Les **partis d'opposition, légitimiste, républicain**, se trouvent de toute façon **très marginalisés** et la vie politique s'ordonne autour de **deux partis de gouvernement : la Résistance et le Mouvement** ou « gauche dynastique ». C'est le premier qui va l'emporter et rallier la majorité des députés à la fin du règne. Le roman témoigne de cette rivalité et de ce triomphe. À Yonville en effet, c'est à l'auberge florissante du *Lion d'or* que se réunit la droite bien pensante. Son concurrent, le *Café français,* sera, lui, très symboliquement acculé à la faillite. La trajectoire du pharmacien représente aussi cette **victoire du parti de l'ordre** et des conservateurs. Après le discours paternaliste mais ferme du Conseiller Lieuvain lors des comices, Flaubert à la fin du roman décrit l'évolution d'Homais qui « inclinait vers le pouvoir », multipliant rapports et propositions et surtout finissant par faire interner le vagabond, représentant de cette catégorie de population toujours suspecte aux yeux du pouvoir.

À ce tableau de la vie sociale et politique sous la Monarchie de juillet, on peut ajouter **l'importance croissante de la**

1. Flaubert a coupé toute une page dans laquelle le marquis détaillait ses projets politiques (voir site de l'université de Rouen).

presse dont Homais a bien compris le rôle capital en devenant le correspondant du *Fanal de Rouen*.

Enfin, « La religion, plus affermie, sourit à tous les cœurs », se félicite Lieuvain et, de fait, alors que la révolution de 1830 avait été l'occasion de violentes manifestations anticléricales dans tout le pays, à partir de 1836, le budget des cultes est de nouveau en augmentation, **la religiosité se développe**, voire le mysticisme, encouragé par le mal du siècle et un certain dégoût pour la société d'argent. Emma connaîtra une crise de ce genre au chapitre 14 de la deuxième partie.

C'est donc finalement une image assez fidèle que parvient à restituer Flaubert, mais de manière diffuse, suggestive ou en prêtant les développements plus longs et didactiques à ses personnages eux-mêmes. Il favorise ainsi de la part du lecteur un regard distancié, ou carrément critique comme nous le verrons plus loin.

Apogée et essoufflement du romantisme

À la différence de l'Allemagne et de l'Angleterre où ce mouvement, apparu plus tôt qu'en France, s'essouffle dès 1830, en France **la révolution contribue** au contraire dans un premier temps **à l'épanouissement du romantisme**.

C'est la poésie lyrique qui en constitue l'expression la plus originale, avec par exemple *Les Nuits* (1835-1837) de Musset, *Les Harmonies* (1830) et surtout *Jocelyn* (1836) de Lamartine ou les recueils de Hugo, *Les Feuilles d'Automn*e (1831), *Les Voix intérieures* (1837), *Les Rayons et les ombres* (1840).

Le héros romantique envahit aussi le roman dans *La Confession d'un enfant du siècle* de Musset (1836) ou les romans de Stendhal, *Le Rouge et le noir* (1830) et *La Chartreuse de Parme* (1839). Hugo compose avec *Notre-Dame de Paris* (1831) un véritable roman manifeste sur le modèle de Walter Scott et du roman historique à la riche couleur locale où s'illustre aussi le prolixe Alexandre Dumas.

Balzac ouvre d'autres voies avec l'immense *Comédie humaine* qui offre un tableau méthodique des « espèces sociales » sur le modèle des naturalistes Buffon ou Geoffroy Saint Hilaire comme il l'annonce dans l'« Avant-propos » de 1842.

Cependant, **à partir de 1840 les œuvres romantiques se font plus rares**. En 1843 Victor Hugo connaît un échec retentissant avec *Les Burgraves*. En réaction aux tendances humanitaires, sociales, féministes du maître ou de George Sand, de jeunes romantiques se réclament désormais de l'art pour l'art. Leurs chefs de file, Théophile Gautier ou Théodore de Banville, en publiant leurs premiers recueils de poèmes, initient le mouvement parnassien d'où sortira à terme la poésie profondément nouvelle d'un Baudelaire – ***Les Fleurs du mal*** sont parfaitement contemporaines de *Madame Bovary* – puis de Verlaine et Rimbaud.

Deuxième partie

ÉCRIRE ET PUBLIER

Aux origines du roman

Une cure anti-lyrique

Tout commence par une **condamnation** sans appel le 22 octobre 1849 à la veille de son départ pour l'Orient : celle du manuscrit de ***La Tentation de Saint Antoine***[1] à laquelle Flaubert travaillait depuis deux ans. Le comité de lecture composé de ses deux vieux amis, Louis Bouilhet et Maxime du Camp, est formel : il faut « brûler le livre et n'en jamais reparler ». Dans ses souvenirs littéraires, Du Camp rapporte qu'ils lui auraient alors conseillé un sujet plus réaliste comme antidote à son lyrisme débridé.

Trois histoires qui n'en font qu'une

Au cours de son voyage en Orient il fait part à Louis Bouilhet de ses **projets d'écriture** dans une lettre écrite à Constantinople le **14 novembre 1850** qui constitue peut-être la première amorce du roman à venir :

« À propos de sujets, j'en ai trois, qui ne sont peut-être que le même et ça m'embête considérablement : 1° Une nuit de Don Juan[2] […] *2° L'histoire d'Anubis, la femme qui veut se faire aimer par le dieu*[3] […] *3° Mon roman flamand de la*

---

1. Ou *Première Tentation* comme on l'appelle aussi, pour la distinguer de la seconde version publiée en 1874.
2. On en trouvera le texte, du moins le projet détaillé dans la nouvelle édition Pléiade p. 1031-1038. Le personnage d'Emma, qualifié par Baudelaire de « bizarre androgyne (qui) a gardé toutes les séductions d'une âme virile dans un charmant corps féminin » (*L'Artiste*, 18 octobre 1857), s'inspire d'ailleurs par certains côtés du séducteur mythique.
3. Idée d'où sortira sans doute *Salammbô* plaisamment résumé par l'auteur aux Goncourt : « il faut que je fasse baiser un homme, qui croira enfiler la lune, avec une femme qui croira être baisée par le soleil » (*Journal des Goncourt*, 29 novembre 1860) : voir Pléiade p. 1197-1198.

jeune fille qui meurt vierge et mystique, entre son père et sa mère, dans une petite province, au fond d'un jardin planté de choux et de quenouilles, au bord d'une rivière grande comme l'Eau de Robec[1] ».

Il s'agit dans les trois cas, comme chez Don Juan, de « l'amour inassouvissable sous les deux formes terrestres de l'amour et de l'amour mystique », mais diversement décliné.

C'est sans doute, le troisième projet qui mènera à *Madame Bovary* quand le roman flamand deviendra normand et que le romancier choisira de donner à son personnage un profil plus proche de celui de ses lectrices comme il l'écrit après coup

« *pour rendre l'histoire plus compréhensible et plus amusante, au bon sens du mot, j'ai inventé une héroïne plus humaine, une femme comme on en voit davantage*[2] ».

Faits divers

C'est peut-être Bouilhet qui achève de le décider lorsqu'il rentre à Croisset à l'été 1851 en l'orientant vers **l'affaire Delamare**. Eugène Delamare, officier de santé dans le bourg de Ry en Normandie, après avoir enterré une première épouse plus âgée que lui, s'était remarié avec Delphine Couturier qui se suicida en 1848 en laissant une petite fille. Son mari ne lui survécut qu'un an. En juillet, Maxime Du Camp écrit :

« *Que fais-tu ? que décides-tu ? que travailles-tu ? qu'écris-tu ? as-tu pris un parti ? – Est-ce toujours Don Juan ? Est-ce l'histoire de Mme Delamarre [sic], qui est bien belle ?* »

---

1. *Un cœur simple* retraçant la vie de la servante Félicité dans les *Trois Contes* (1877) reprend plus précisément ce thème puisque l'héroïne y meurt à la dernière page dans une sorte d'exaltation mystique : « quand elle exhala son dernier souffle, elle crut voir, dans les cieux entrouverts, un perroquet gigantesque, planant au-dessus de sa tête. »
2. Lettre à Mlle Leroyer de Chantepie, 30 mars 1857.

Cependant, ce fait divers **résume en fait plusieurs histoires comparables** : l'affaire Loursel qui s'est déroulée non loin de Ry quatre ans plus tôt et met en scène un pharmacien ayant pour maîtresse une demoiselle de Bovery, l'affaire de Marie Lafarge soupçonnée en 1840 d'avoir empoisonné son mari, scandale qui défraya la chronique. Que dire de l'affaire Laquerrière (1847) dans laquelle le poison fut acheté à Ry et où Delamare fut cité comme témoin ? On peut ajouter l'histoire, moins dramatique, de Louise Pradier qui avait enchaîné déboires sentimentaux et financiers avant que son mari s'en sépare. Flaubert avait lui-même fréquenté le couple quand il était étudiant et revoit « la femme perdue » après la séparation. Il se vante même de cette visite dans une lettre du 2 avril 1845 :

> *« Ah ! la belle étude que j'ai faite là ! Et quelle bonne mine j'y avais ! »*

Il utilisera d'ailleurs les *Mémoires de Mme Ludovica* qui relatent les péripéties de ce feuilleton très parisien[1].

Il ne faudrait pas exagérer cependant le poids de ces différentes sources. N'est-ce pas en ce sens d'ailleurs qu'on peut lire les regrets dont il fait part à Louise Colet d'avoir lu sur ses conseils les mémoires de Mme Lafarge ?[2] Bref, toute une série d'affaires agissent sans doute plutôt pour Flaubert comme des révélateurs, des témoignages bien réels d'un **thème plus personnel**, qui le poursuit depuis sa prime jeunesse : **la femme mal mariée**. Déjà en 1837 dans *Passion et vertu*, il s'était essayé à une étude de femme en créant le personnage de Mazza. Déçue par un mari terre-à-terre

1. On en trouvera de larges extraits dans la nouvelle édition de la Pléiade p. 556-569.
2. « J'ai peur d'être entraîné plus loin que je ne veux », lettre du 20 mars 1852.

qui ne comble pas ses attentes de lectrice de romans, elle l'empoisonne pour rejoindre son amant en Amérique avant de s'empoisonner elle-même.

« Madame Bovary c'est moi, d'après moi » ?

On connaît la célèbre boutade – tronquée la plupart du temps –, peut-être imaginaire, en tout cas à replacer dans son contexte : il s'agissait pour l'auteur de décourager la vaine curiosité de ceux qui cherchaient absolument des clés au roman[1]. Cela dit, la correspondance abonde en identifications de l'auteur à son héroïne qui ne sont pas que des raccourcis d'expression ou des coquetteries d'auteur :

> *« J'en ai pour quinze jours encore à naviguer sur ces lacs bleus, après quoi j'irai au bal et passerai ensuite un hiver pluvieux, que je clorai par une grossesse[2]. »*

Flaubert s'est déjà essayé à des œuvres autobiographiques qui témoignent de son penchant personnel à la rêverie, à l'idéalisation amoureuse. *Les Mémoires d'un fou* (1838), puis *Novembre* (1842), et enfin la première *Éducation sentimentale* achevée en 1845, trois œuvres plus ou moins inspirées par sa rencontre sur la plage de Trouville à 15 ans d'Elisa Foucauld, plus âgée de onze ans, compagne et bientôt épouse de Maurice Schlésinger.

On pourrait considérer que, d'une certaine manière, **Emma représente bien la traduction au féminin d'un aspect de**

---

1. On pourra s'amuser cependant à aller consulter le site du syndicat d'initiative de Ry : son musée d'automates retraçant les principaux épisodes du roman (et qui rappelle étrangement le jouet des enfants Homais, un passage du roman finalement coupé par Flaubert, voir édition Pléiade p. 552.), ou son cimetière qui abrite les tombes d'Eugène, de sa première femme et une plaque à Delphine.
2. À Louise Colet du 27 mars 1852.

la personnalité de Flaubert. Il confie à Mlle Leroyer de Chantepie qui lui avoue s'être reconnue dans le personnage d'Emma :

> « *J'ai longtemps, madame, vécu de votre vie. Moi aussi j'ai passé plusieurs années complètement seul à la campagne, n'ayant d'autre bruit l'hiver que le murmure du vent dans les arbres*[1]… »

Que dire d'une phrase comme « Mon existence, comme un marais dormant est si tranquille que le moindre événement y tombant y cause des cercles innombrables[2]… » qui reprend les mêmes termes que ceux qui peignent la détresse d'Emma ? On pourrait multiplier ainsi les exemples.

Et pourtant, ailleurs, ne déclare-t-il pas :

> « *Madame Bovary n'a rien de vrai. C'est une histoire totalement inventée ; je n'y ai rien mis ni de mes sentiments ni de mon existence.* […] *C'est un de mes principes qu'il ne faut pas s'écrire*[3]. »

C'est que le romancier **renonce** en effet **à la démarche autobiographique** de ses premiers écrits **en insistant** au contraire **sur sa recherche d'objectivité**.

Les grands romanciers de l'époque

Au moment où il entame la composition de *Madame Bovary,* Flaubert peut se tourner vers de grands modèles littéraires quelque peu intimidants. Le premier d'entre eux, **Chateaubriand**, domine du haut des *Mémoires d'outre-tombe* (1848) mais aussi de ses romans, *Atala* (1801), *René*

1. Lettre du 18 mars 1857 à Mlle Leroyer de Chantepie.
2. Cité par Georges Poulet in *Les Métamorphoses du cercle*, Plon, 1961, p. 386.
3. Lettre du 18 mars 1857 à Mlle Leroyer de Chantepie.

(1802). Flaubert ne se laisse pas entraîner par tout ce qui est devenu entre-temps clichés romantiques et en propose une lecture fine et intelligente[1]. **Balzac**[2] a, lui, mis en scène dans un certain nombre de romans de *La Comédie humaine* des personnages de jeunes femmes susceptibles d'inspirer Emma : *Ursule Mirouët* (attirée par la poésie mais déçue par un médiocre poète), *Eugénie Grandet* (livrée à la mesquinerie d'un père avare, trompée par un cousin sans caractère), Henriette de Mortsauf du *Lys dans la Vallée* (épouse et mère qui ne peut résister au charme du narrateur), et surtout Dinah Piédefer dans *La Muse du département* (une authentique femme de lettres trompée par Lousteau à Paris, abandonnée, et contrainte de retourner chez son mari). On peut ajouter *La Physiologie du mariage* qui analyse les différentes étapes du parcours de la femme mariée ou les *Mémoires de deux jeunes mariées*, roman épistolaire dans lequel l'auteur parvient à s'identifier parfois de façon troublante à ses héroïnes[3].

Nous verrons par la suite comment, d'une certaine manière, Flaubert a en réalité pris le contrepied du roman balzacien tout comme il a ruiné un certain romantisme à la Chateaubriand.

Il faudrait aussi citer **Victor Hugo**, alors en exil, que Flaubert surnomme dans sa correspondance « le crocodile » ou « le grand alligator », dont il admire la puissance, dont il voudrait se démarquer[4], avant de critiquer quelques années plus tard la bassesse du style des *Misérables* sans

1. « Quel homme c'eût été sans sa poétique ! Comme elle l'a rétréci ! », lettre du 8 mai 1852.
2. Voir Claudine Gothot-Mersch, *La Genèse de* Madame Bovary, Corti, 1966, p. 50-60.
3. Par exemple dans la lettre écrite par Renée à Louise lors de sa grossesse.
4. Voir par exemple le moment où il renonce à faire du mendiant un cul-de-jatte, une « limace » pour ne pas donner l'impression de copier *Notre Dame de Paris*…

jamais renoncer pourtant à son admiration pour le « grand bonhomme[1] ».

Maîtres anciens

Plus loin encore et peut-être de manière plus surprenante, on trouve d'autres sources d'inspiration comme **Molière** et son génie du portrait des ridicules, mais aussi la plume acérée et ironique d'un **Montesquieu**, d'un **Montaigne**, d'un **Boileau** ou le génie débridé de **Rabelais**[2].

> « *Voilà*, écrit-il à son sujet, *la grande fontaine des lettres françaises* [...]. *Il faut en revenir à cette veine-là, aux robustes outrances*[3]. »

Pour Flaubert le point commun de tous ces modèles qu'il relit assidûment au cours de la composition du roman, c'est « le style ». Il explique à Louise Colet à qui il donne des conseils de lecture sa façon de procéder :

> « *Il n'y a pas de mal à étudier à fond un génie complètement différent de celui qu'on a, parce qu'on ne peut pas le copier. La Bruyère, qui est très sec, a mieux valu pour moi que Bossuet dont les emportements m'allaient mieux*[4]. »

Flaubert cherche aussi à se démarquer des modèles en cherchant une voie originale, sa voie. On en trouve un bon exemple dans la lettre du 16 septembre 1853 qu'il consacre aux belles morts de la littérature. Flaubert analyse d'un œil

1. Il lui rend d'ailleurs un hommage quelque peu ironique dans le roman en baptisant la levrette d'Emma Djali, le nom de la chèvre d'Esméralda, et en décorant l'intérieur du notaire avec une gravure de Steuben représentant la bohémienne. Triste sort pour un génie que de servir à de pareilles futilités mais quelle reconnaissance aussi !
2. Qui fascina aussi Balzac qui s'en inspira pour ses *Contes drolatiques*.
3. À Louise Colet, 16 novembre 1852.
4. Lettre du 6-7 juin 1853.

critique *Manon Lescaut*, *Paul et Virginie* ou *Werther* de **Goethe** et préfigure déjà ce que sera son propre traitement de la mort d'Emma :

> « *Ce qu'il y a de fort dans Manon Lescaut, c'est le souffle sentimental, la naïveté de la passion...* », « *La mort de Virginie est fort belle, mais que d'autres morts aussi émouvantes !* [...] *Ce qu'il y a d'admirable, c'est sa lettre à Paul, écrite à Paris.* [...] *Que l'on pleure moins à la mort de ma mère Bovary qu'à celle de Virginie, j'en suis sûr d'avance. Mais l'on pleurera plus sur le mari de l'une que sur l'amant de l'autre, et ce dont je ne doute pas, c'est du cadavre. Il faudra qu'il vous poursuive. La première qualité de l'Art et son but est l'illusion. L'émotion* [...] *est une tout autre chose et d'un ordre inférieur. J'ai pleuré à des mélodrames qui ne valaient pas quatre sous et Goethe ne m'a jamais mouillé l'œil, si ce n'est d'admiration.* »

Enfin, **Cervantès** et son *Don Quichotte*, découvert avec ravissement par Flaubert à 11 ans, n'entrent pas pour un peu dans la composition d'un livre écrit « en haine du roman », pour reprendre le titre de l'ouvrage que lui consacre Marthe Robert[1].

C'est sans doute l'étrange projet d'épilogue finalement abandonné qui en demeure le témoignage le plus troublant[2]. Homais se contemplant dans la glace, décoré de sa chère croix, est pris d'une sorte d'éblouissement et Flaubert d'imaginer une vertigineuse mise en abyme* finale :

> « *Doute de lui. – regarde les bocaux – doute de son existence. – ne suis-je qu'un personnage de roman, le fruit d'une imagination en délire, l'invention d'un petit paltaquot que j'ai vu naître et qui m'a inventé pour faire croire que je n'existe pas...* »

1. Éd. Balland, 1982.
2. On en trouvera la transcription diplomatique complète dans la nouvelle édition de la Pléiade p. 540-541.

L'écriture de Flaubert

« En haine du réalisme »

Les données chronologiques ont souvent conduit à inscrire Flaubert dans le mouvement réaliste qui naîtrait en littérature avec Balzac dont il paraît s'inspirer, avec qui il se compare[1], et se poursuivrait avec Maupassant dont il est le père spirituel. Pourtant, le terme réaliste, plutôt employé en peinture pour un Courbet par exemple, a des contours assez flous et guère de textes théoriques à part ceux de Champfleury et Duranty. C'est en 1857 justement que le premier fait paraître la *Préface* au catalogue des œuvres présentées au Salon par Courbet, et le procès pouvait bien être l'occasion de présenter Flaubert comme une parfaite illustration du réalisme. Pourtant ce dernier s'est toujours défendu avec la dernière énergie de composer un roman relevant de ses préceptes. Le 30 octobre 1856, il écrit à Edma Roger des Genettes :

> « *On me croit épris du réel tandis que je l'exècre ; car* ***c'est en haine du réalisme que j'ai entrepris ce roman****.* »

Par la suite, il ne cessera d'ailleurs de revenir sur ce refus. Toute l'écriture de *Madame Bovary* – la correspondance en témoigne abondamment – a été marquée par le dégoût que lui inspire ce sujet trivial :

> « *Ce qui m'assomme, ce n'est ni le mot, ni la composition, mais mon objectif; je n'ai rien qui soit excitant. Quand j'aborde une situation, elle me dégoûte d'avance par sa vulgarité ; je ne fais autre chose que de doser de la merde*[2]. »

Flaubert a précisément choisi un sujet éloigné de ses goûts, de ses penchants, à la manière d'une médecine ; il conçoit son

1. Voir l'espace p. 99 et suivantes.
2. À Louise Colet, 21-22 septembre 1852.

roman comme « un exercice excellent » dont il craint seulement qu'il le dégoûte à tout jamais « des sujets à milieu commun[1] » :

> « [...] *rien dans ce livre n'est tiré de moi ; jamais ma personnalité ne m'aura été plus inutile*[2]. »

Réaliste quand même ?

Pourtant, Flaubert est le premier à reconnaître que coexistent en lui deux tendances contradictoires :

> « *Il y a en moi, littérairement parlant, deux bonshommes distincts : un qui est épris de gueulades, de lyrisme, de grands vols d'aigle, de toutes les sonorités de la phrase et des sommets de l'idée ; un autre qui fouille et creuse le vrai tant qu'il peut, qui aime à accuser le petit fait aussi puissamment que le grand, qui voudrait vous faire sentir presque matériellement les choses qu'il reproduit ; celui-là aime à rire et se plaît dans les animalités de l'homme*[3]. »

Et, de fait, l'œuvre de **Flaubert paraît bien offrir les traits caractéristiques de ce qu'on a pu appeler le réalisme**[4] : des sujets empruntés à la réalité la plus triviale, le souci de peindre tous les milieux sociaux avec une forme de sérieux qui peut aller jusqu'à s'apparenter à une démarche scientifique :

> « *La littérature prendra de plus en plus les allures de la science ; elle sera surtout exposante, ce qui ne veut pas dire didactique. Il faut faire des tableaux, montrer la nature telle quelle est, mais des tableaux complets, peindre le dessous et le dessus*[5]. »

1. À Louise Colet, 26 août 1853.
2. À la même, 6 avril 1853.
3. À la même, 16 janvier 1852.
4. Voir par exemple Colette Becker, *Lire le réalisme et le naturalisme*, Dunod, 1992.
5. À la même, 6 avril 1853.

Ce travail s'appuie sur des recherches documentaires, parfois de réelles enquêtes, illustrées dans le roman par l'importance des descriptions. On peut ajouter une forme d'objectivité de l'auteur qui n'exclut pas cependant une certaine vision, souvent critique, de l'époque historique où se déroule l'action.

À sa façon

L'impersonnalité

Erich Auerbach, par exemple, a bien mis en relief ce qui distingue Flaubert d'auteurs comme Balzac ou Stendhal :

> *« Il tait son opinion sur les personnages et les événements, et lorsque ses personnages s'expriment eux-mêmes, l'auteur ne s'identifie jamais à eux et ne fait rien non plus pour que le lecteur s'identifie à eux. Certes,* ***nous entendons l'auteur, mais il n'exprime aucune opinion et ne commente pas. Son rôle se borne à sélectionner les événements et à les traduire en mots***[1] *».*

Le style

Le deuxième aspect de l'écriture de Flaubert tient en un mot : le style. On connaît la formule célèbre qui résume le projet de départ :

> *« Ce qui me semble beau,* ***ce que je voudrais faire, c'est un livre*** *sur rien, un livre sans attache extérieure,* ***qui se tiendrait de lui-même par la force interne de son style***[2] *».*

1. *Mimesis*, Gallimard, collection Tel, p. 481.
2. À Louise Colet, 16 janvier 1852.

Mais, cette gageure entraîne un paradoxe :

« Ce livre, qui n'est qu'en style, a pour danger continuel le style même[1]. »

Car, comme le dit Flaubert :

« Quand on aime trop le style, on risque à perdre de vue le but même de ce qu'on écrit ! Et puis les transitions, le suivi, quel empêtrement[2] ! »

Comment faut-il comprendre ces apparentes contradictions ? La réponse tient dans la conception très particulière que le romancier se fait du style. Il ne s'agit justement pas chez lui d'élégance littéraire, du « bien écrit » au sens mondain, il ne s'agit pas d'abord de l'expression personnelle de l'auteur. Au contraire, c'est un souci permanent d'impersonnalité qui guide Flaubert et la crainte de se laisser aller à une écriture trop brillante, trop « littéraire » dirions-nous.

Ainsi, Flaubert s'interdit-il de se laisser aller à son penchant pour les métaphores* :

« Je suis dévoré de comparaisons, comme on l'est de poux, et je ne passe mon temps qu'à les écraser ; mes phrases en grouillent[3]. »
« Je viens de sortir d'une comparaison soutenue qui a d'étendue près de deux pages. C'est un morceau, comme on dit, ou du moins je le crois. Mais peut-être est-ce trop pompeux pour la couleur générale du livre, et me faudra-t-il plus tard la retrancher[4]. »
« Rassure-toi, d'ailleurs : je me prive de métaphores, je jeûne de comparaisons et dégueule fort peu de psychologie[5]. »

1. À Louise Colet, 2-3 mars 1854.
2. À la même, 3 novembre 1853.
3. À la même, 27 décembre 1852.
4. À la même, 11-12 juin 1853.
5. À la même, 24 mai 1865.

Autre écueil, le goût pour les grandes périodes, la rhétorique :

« Les grandes tournures, les larges et pleines périodes se déroulant comme des fleuves [...] *les grands éclats du style, tout ce que j'aime enfin, n'y sera pas*[1]. »

Plus le sujet est trivial ou vulgaire ou grossier, plus il revient à l'écriture, au style donc, non pas de le maquiller ou de l'éviter ou de le transposer, mais de le sublimer en quelque sorte. C'est bien le sens de la célèbre formule :

« Si le livre que j'écris avec tant de mal arrive à bien, j'aurai établi par le fait seul de son exécution ces deux vérités, qui sont pour moi des axiomes, à savoir : d'abord que la poésie est purement subjective, qu'il n'y a pas en littérature de beaux sujets d'art, et qu'Yvetot donc vaut Constantinople ; et qu'en conséquence l'on peut écrire n'importe quoi aussi bien que quoi que ce soit[2]. »

C'est cette recherche d'une poésie vraie du sujet qui rend la rédaction si exigeante[3] :

« Mais comment faire du dialogue trivial qui soit bien écrit[4] *? »*
« J'ai à faire un dialogue de ma petite femme avec un curé, dialogue canaille et épais, et, parce que le fond est commun, il faut que le langage soit d'autant plus propre[5]. »

Le paradoxe, assez difficile à comprendre, c'est que la précision de la langue et la recherche du beau, qui ne peut se dissocier du juste, conduisent précisément au réalisme de Flaubert conçu comme entre-deux :

---

1. À Louise Colet, 21-22 mai 1853.
2. À la même, 20 juin 1853.
3. Voir sur l'art de la *tenue*, Claudine Gothot-Mersch, *op. cit.* p. 263-269.
4. À Louise Colet, 13 septembre 1852.
5. À la même, 10 avril 1853.

« Toute la valeur de mon livre, s'il en a une, sera d'avoir su marcher droit sur un cheveu, suspendu entre le double abîme du lyrisme et du vulgaire (que je veux fondre dans une analyse narrative)[1]. »

La méthode

Un objectif défini

C'est le sujet qui dicte sa loi, nous l'avons vu par exemple à propos de la composition, c'est d'abord la psychologie de l'héroïne et son évolution qui ne peuvent conduire qu'à tel choix de phrase, de mot.

Flaubert y revient fréquemment dans ses conseils à Louise Colet, **tout est d'abord affaire de méthode**, il faut se méfier de l'inspiration, de « ces bals masqués de l'imagination » où les idées se pressent. « Il faut écrire plus froidement[2]. » Et de fait, **pour chaque scène**, chaque passage de son roman, **il commence par déterminer le type de composition, d'écriture, à adopter**, comme on le constate dans sa correspondance, mais aussi dans les notes de régie des manuscrits. C'est là qu'il indique ses choix : dialogues au style direct ou indirect ? Raconter, analyser ou montrer ? Choisir une description, un portrait ? Mentionner la pose ou la mine, révélatrices d'un personnage. Brosser un tableau, expliquer ou motiver ? Développer ou au contraire résumer ? Choisir un ordre, jouer sur les contrastes ou bien assurer une transition ? Imprimer un certain rythme, donner un ton, créer une atmosphère[3].

1. À Louise Colet, 20 mars 1852.
2. À la même, 27-28 février 1853.
3. On trouvera un relevé systématique de ces notes classées sous forme de tableau sur le site de l'université de Rouen.

De la distance

Pour y parvenir, il convient pourtant aussi de savoir prendre de la distance par rapport à son modèle :

> « *Ce n'est pas une bonne méthode que de voir ainsi tout de suite, pour écrire immédiatement après. On se préoccupe trop des détails, de la couleur, et pas assez de son esprit, car la couleur dans la nature a un esprit*[1]*, une sorte de vapeur subtile qui se dégage d'elle, et c'est cela qui doit animer en dessous le style*[2]. »

C'est par ce détour, cette recomposition de la réalité par l'écriture, qu'on peut retrouver la réalité vraiment, mais prise dans une œuvre conçue comme un ensemble esthétique. C'est ainsi que Flaubert a le bonheur de trouver dans le journal une phrase prononcée par le maire de Rouen :

> « *laquelle phrase j'avais, la veille, écrite textuellement dans la Bovary* [...]. *Non seulement c'était la même idée, les mêmes mots, mais les mêmes assonances du style.* [...] *Quand la littérature arrive à la précision de résultat d'une science exacte, c'est roide*[3]. »

Mais ces effets de réel, ces « petits faits vrais », comme les appelait Stendhal, ne doivent jamais prendre un relief excessif qui les détache de l'ensemble, dénote avec la teinte générale. Il s'agit de peindre « couleur sur couleur », comme le dit Flaubert et il traque sans pitié les débordements :

---

1. On songe aux propos de Flaubert cités par les Goncourt : « Dans *Madame Bovary*, je n'ai eu que l'idée de rendre un ton gris, cette couleur de moisissure d'existence de cloportes » (*Journal*, 17 mars 1861), qui deviennent au début de *Nadja* d'André Breton : « faire quelque chose qui fût de la couleur de ces moisissures des coins où il y a des cloportes ».
2. À Louise Colet, 28-29 juin 1853.
3. À la même, 22 juillet 1853.

« [...] *il y a de bonnes choses, mais par ci par là certains chics pittoresques inutiles, manie de peindre quand même, qui coupe le mouvement et quelquefois la description elle-même et qui donne ainsi, parfois, un caractère étroit à la phrase*[1]. »

Le souci de l'unité

Il est donc primordial pour Flaubert de parvenir à donner une impression de continuité à la lecture, d'éviter tout ce qui pourrait rompre le flux du texte. Il met au point pour cela différents procédés :

• *Le discours indirect libre*

Flaubert en use régulièrement, ce qui contribue à homogénéiser le texte et à gommer la présence de l'auteur puisque, par principe, on ignore si les propos rapportés sont l'expression d'un personnage, du narrateur ou d'une vérité générale et anonyme. On en trouvera une étude précise sous forme de plan détaillé dans la partie consacrée aux sujets de bac.

• *Le fondu-enchainé des points de vue*[2]

Ce deuxième procédé se combine avec le précédent. Même si c'est le point de vue d'Emma qui domine, Flaubert lui en substitue d'autres à certains moments mais en évitant toute rupture trop brusque ; il opère plutôt par glissement insensible. Ainsi, le matin de son installation à Yonville, Emma regarde le village s'éveiller par sa fenêtre, elle aperçoit Léon dont nous suivons tout naturellement juste après les

1. À Louise Colet, 26-27 mai 1853.
2. On en trouvera l'analyse plus détaillée chez Jean Rousset (1962) et dans un article de Claudine Gothot-Mersch, « Le point de vue dans *Madame Bovary* » in *Cahiers de l'Association internationale des études françaises*, 1971, n° 23, p. 242-259 (sur le site http://www.persee.fr).

pensées (II, 3). Le procédé est repris à la fin de la rencontre avec Rodolphe (II, 7) :

> « *et Emma l'aperçut dans la prairie* [...] *se ralentissant de temps en temps, comme quelqu'un qui réfléchit*
> *– Elle est fort gentille ! se disait-il* ».

• *L'imparfait*

Est le temps majoritaire du roman qu'il unifie en créant une temporalité toute particulière. On se reportera pour son étude au chapitre sur le temps.

Prose et poésie

Dans la distinction entre prose et poésie, Flaubert affiche également des positions originales qui ouvrent la voie à une approche moderne, parallèle à celle d'un Baudelaire par exemple[1].

> « *La prose est née d'hier ; voilà ce qu'il faut se dire. Le vers est la forme par excellence des littératures anciennes. Toutes les combinaisons prosodiques ont été faites ; mais celles de la prose, tant s'en faut*[2]. »

Il « déteste, dit-il, la poésie parlée, la poésie en phrases », « les phrases po-é-tiques », c'est-à-dire un certain usage convenu de la langue, tout à la fois lieux communs et versification facile. C'est à une autre forme de poésie que Flaubert

1. On peut rappeler la dédicace du *Spleen de Paris* à Arsène Houssaye : « Quel est celui de nous qui n'a pas, dans ses jours d'ambition, rêvé le miracle d'une prose poétique, musicale sans rythme et sans rime, assez souple et assez heurtée pour s'adapter aux mouvements lyriques de l'âme, aux ondulations de la rêverie, aux soubresauts de la conscience ? »
2. À Louise Colet, 24 avril 1852.

aspire, celle à laquelle peut justement conduire un certain travail sur la prose :

> *« Quelle chienne de chose que la prose ! Ça n'est jamais fini ; il y a toujours à refaire. Je crois pourtant qu'on peut lui donner la consistance du vers. Une bonne phrase de prose doit être comme un bon vers, inchangeable, aussi rythmée, aussi sonore*[1]*. »*

Flaubert est conscient de l'ampleur de la tâche, de sa nouveauté aussi

> *« Vouloir donner à la prose le rythme du vers (en la laissant prose et très prose)* [...] *est peut-être une absurdité.* [...] *Mais c'est peut-être aussi une grande tentative et très originale*[2]*. »*

S'il est devenu commun en effet de parler de prose poétique pour un Chateaubriand par exemple, elle trouve à se déployer chez lui sur des sujets choisis et ne se départit jamais d'un certain lyrisme. La gageure de Flaubert est de la mettre en œuvre sur des sujets mineurs, triviaux, en visant l'économie de moyens et une forme de détachement. L'évocation de la promenade le long de la Rieulle, entre « rivière aux amants et rivière aux bestiaux », en constitue un des plus beaux exemples.

Les étapes de la rédaction

Nous avons la chance de pouvoir suivre chez Flaubert, plus que chez n'importe quel autre écrivain, les différentes étapes de la composition et de la rédaction du roman. Lui-même d'ailleurs, qui **légua l'intégralité de ses manuscrits – soit**

---

1. À Louise Colet, 22 juillet 1852.
2. À la même, 27 mars 1853.

la bagatelle de 25 000 pages ! – à la bibliothèque de Rouen qui en demeure dépositaire[1], avait conscience de l'intérêt de tout ce matériel documentaire. Il écrivait ainsi à Louise Colet le 15 avril 1852 :

> « *Quand mon roman sera fini, dans un an, je t'apporterai mon ms. complet par curiosité. Tu verras par quelle mécanique compliquée j'arrive à faire une phrase.* »

Pour Flaubert en effet, **toutes les pièces du roman sont solidaires** et chaque mot est appelé par la conception de l'ensemble, de même que le changement d'un mot affecte tout le livre. Ainsi, l'obligation tardive qui lui est faite par le *Journal de Rouen* de changer le nom du quotidien dans lequel Homais publie ses articles pour un autre, fictif, le jette-t-il dans l'embarras :

> « *Réfléchis, ça va casser le rythme de mes pauvres phrases ! C'est grave*[2]. »

Les sources

Les différents documents préparatoires[3]

On trouve tout d'abord les scénarios qui sont eux-mêmes de trois types :

1. Pour l'étude de tous ces documents, le Centre Flaubert de l'université de Rouen a mis en ligne le 16 avril 2009 l'intégralité des manuscrits de *Madame Bovary*, à l'adresse http://bovary.univ-rouen.fr/. Danielle Girard et Yvan Leclerc ont dirigé la transcription des 4 500 folios, qui a rassemblé environ 600 participants (de 16 à 76 ans…) venus de 12 pays. Voir aussi le site www.bovary.fr. On y trouvera également des études critiques très précieuses. Les transcriptions de cet ouvrage reprennent celles d'Yvan Leclerc.
2. À Louis Bouilhet, 5 octobre 1856.
3. Les carnets de l'écrivain dont nous disposons pour d'autres romans n'ont pas été retrouvés.

– les **scénarios généraux** au nombre de trois, de plus en plus développés, qui indiquent la progression de l'intrigue du début à la fin ;
– les **scénarios d'ensemble** qui ne portent que sur une partie du roman, une séquence de chapitres dont il faut assurer la cohérence et l'enchaînement ;
– les **scénarios partiels** qui indiquent le déroulement d'un texte de la longueur de ce qui deviendra un chapitre environ.

Tous ces scénarios ne sont pas rédigés, ils se présentent sous formes de notes en phrases nominales, sans syntaxe, très synthétiques, avec des ajouts en marge et en interligne.

Les **plans** sont très proches des scénarios, ils correspondent à des scènes du roman sous forme de « formules titres ». Ils se présentent en colonnes souvent numérotées. On dispose d'un plan général, de six plans d'ensemble et de huit plans partiels.

Les **résumés** concernent des ensembles partiels et reprennent, parfois sous forme de listes, des éléments des scénarios.

Les **notes** comprennent celles prises au cours de lectures de documentation, de très petites parties de textes ou des brouillons.

Les **esquisses** représentent la première étape de la rédaction et se rapprochent des brouillons proprement dit.

La correspondance

Les très nombreuses lettres qui accompagnent la genèse, l'écriture, puis la publication du roman constituent elles aussi une source remarquable **permettant d'éclairer la démarche de l'auteur**. On peut dénombrer **près de trois cents lettres** couvrant la période qui s'étend de la lettre à Louis Bouilhet écrite à Constantinople en novembre 1850 aux lettres à Mlle Leroyer de Chantepie en avril 1857.

Flaubert, outre des considérations sur son travail, y multiplie les analyses sur l'action du roman, les personnages et s'y explique sur ses intentions.

On peut, pour simplifier, délimiter trois temps dans cette correspondance. Jusqu'en 1854, la destinataire principale en est **Louise Colet**. Après la rupture, c'est **Louis Bouilhet**. Enfin, après la publication, une nouvelle correspondante fait son apparition, **Mlle Leroyer de Chantepie** qui lui écrit sa première lettre le 18 décembre 1856[1].

Trois confidents majeurs, aux personnalités différentes, avec lesquels Flaubert entretient aussi des relations différentes. Louise est la maîtresse qu'il cherche à tenir à distance, avec qui il aime à adopter un ton libre, voire provocateur. Louis n'en est pas tout à fait la traduction au masculin, c'est plutôt un complice qui accompagne jusqu'à sa mort les projets de son ami, l'aide à en accoucher et peut aussi se permettre à l'occasion des jugements critiques sur le travail de Gustave. Mlle Leroyer de Chantepie qui, comme les deux précédents, se consacre à l'écriture, s'adresse d'abord à lui en tant que lectrice du roman dans *La Revue de Paris* car elle s'est identifiée au personnage d'Emma :

> *« Je me suis identifiée à son existence au point qu'il me semblait que c'était elle et que c'était moi ! »*

La correspondance a aussi le mérite de nous montrer un Flaubert plus « déboutonné » – pour reprendre son expression –, plus direct dans ses jugements, plus cru. On mesure alors à quel point le travail d'écriture a pu constituer bien autre chose qu'un simple travestissement de son point de vue,

1. Elle était déjà devenue la correspondante de George Sand.

ou la volonté d'adoucir la violence de certains jugements, par exemple sur la lâcheté des personnages qu'il méprise comme Charles ou Léon, voire qu'il déteste comme Homais, ou d'édulcorer la crudité de certaines scènes. Il s'agit bien plutôt par l'écriture de viser à créer une œuvre homogène, fluide, à **faire disparaître les intrusions trop personnelles de l'auteur, à les fondre dans un ensemble, une atmosphère, une teinte**.

L'exemple de la promenade à cheval avec Rodolphe où Emma s'abandonne pour la première fois (II, 9) est à ce titre révélateur.

À Louise Colet, Flaubert écrit d'abord :

> *« Il me faut encore quarante à cinquante pages avant d'être en plein adultère. Alors on s'en donnera, et elle s'en donnera, ma petite femme*[1]*. »*

puis

> *« J'ai une baisade qui m'inquiète fort et qu'il ne faudra pas biaiser, quoique je veuille la faire chaste, c'est-à-dire littéraire, sans détails lestes, ni images licencieuses ; il faudra que le luxurieux soit dans l'émotion*[2]*. »*

et enfin

> *« Aujourd'hui par exemple, homme et femme tout ensemble, amant et maîtresse à la fois, je me suis promené à cheval dans une forêt, par un après-midi d'automne, sous des feuilles jaunes, et j'étais les chevaux, les feuilles, le vent, les paroles qu'ils se disaient et le soleil rouge qui faisait s'entrefermer leurs paupières noyées d'amour*[3]*. »*

1. Lettre du 26 octobre 1852.
2. Lettre du 2 juillet 1853.
3. Lettre du 23 décembre 1853.

Entre le projet initial de se donner du bon temps, si l'on peut dire, en compagnie de son héroïne[1], et la véritable jouissance à laquelle il parvient dans l'écriture finale, jouissance en effet toute chaste et quasiment mystique, on trouve la formulation assez précise de son projet d'écriture et de la ligne à suivre que résume bien l'adjectif « littéraire » dans l'acception particulière que lui donne Flaubert[2].

Les premières étapes de la composition

Scénarios et plans

Le **premier scénario général**, très bref, annonce assez fidèlement **l'intrigue** à venir et donne **les caractères fondamentaux des personnages** même si les noms sont encore provisoires.

Des scènes importantes comme les comices ou l'opération du pied-bot n'y apparaissent cependant pas encore, le toponyme Yonville non plus ; le lieu du déménagement ne se trouve indiqué que par un vague « ailleurs ». À noter que le personnage d'Homais n'y figure encore que comme logeur du futur Léon.

Charles, lui, apparaît d'emblée ainsi que le nom Bovary dans le titre en tête de page.

Pour Emma (nom de jeune fille Lestibois dans le deuxième scénario général, avant que ce nom soit recyclé pour un personnage secondaire), Flaubert a d'abord hésité sur le prénom en inscrivant :

1. Et peut-être de Louise Colet, une fois libéré de l'écriture de ce chapitre.
2. Et qu'on pourrait résumer par sa formule retenue par Proust dans le *Contre-Sainte Beuve* : le réel n'existe « que pour l'emploi d'une illusion à décrire. »

« Me Bovary Marie (signe Maria, Marianne ou Marietta) fille d'un cultivateur aisé élevée au couvent à Rouen – nobles amies – toilette piano ».

Il choisit d'abord son prénom préféré (celui de la future héroïne de *L'Éducation sentimentale* par exemple), puis des variantes méditerranéennes (souvenirs du récent voyage, écho du scénario de son projet *Une nuit de Don Juan* ?)

Il a ajouté en interligne

« souvenir de ses rêves quand elle repasse devant le couvent[1] *».*

Léon, qui s'appelle encore « le premier amant » a une « nature molle » (Flaubert avait d'abord noté « féminine » et a rayé).

Le futur Rodolphe est d'abord caractérisé par « officier de spahi brun[2] », que Flaubert a rayé et remplacé par le triptyque « brun-cassant-spirituel », lui-même complété en marge par « le type du brac[3] mais plutôt extérieurement ».

---

1. Sans doute ne peut-on accorder aucun crédit à la version de Du Camp ô combien romanesque, pittoresque et exotique de la trouvaille du nom de l'héroïne, mais quel dommage ! : « Le souvenir de sa mère le tirait vers Croisset ; la déconvenue de sa *Tentation de saint Antoine* l'accablait ; bien souvent, le soir, sur notre barque, pendant que l'eau du fleuve clapotait contre les plats-bords et que la constellation de la Croix du Sud éclatait parmi les étoiles, nous avons discuté encore ce livre qui lui tenait tant au cœur ; en outre, son futur roman l'occupait ; il me disait : "J'en suis obsédé." Devant les paysages africains il rêvait à des paysages normands. Aux confins de la Nubie inférieure, sur le sommet de Djebel-Aboucir, qui domine la seconde cataracte, pendant que nous regardions le Nil se battre contre les épis de rochers en granit noir, il jeta un cri : "J'ai trouvé : *Euréka ! Euréka !* je l'appellerai Emma Bovary" ; et plusieurs fois il répéta, il dégusta le nom de Bovary, en prononçant l'*o* très bref. »
2. On a affaire à un type à l'époque qu'on pourra rapprocher du futur Georges dans *Bel Ami* de Maupassant.
3. Écervelé, fantasque. Le mot s'écrit aussi « braque ».

Les notations en marge concernent surtout l'atmosphère du roman :

« ceci développé plus tard – à cette époque elle en est encore au rêve et à l'ennui ».

Enfin, c'est également en marge que Flaubert mentionne sa première idée de l'incipit :

« Commencer par son entrée au collège. »

Le deuxième scénario général enrichit l'intrigue mais surtout repousse la liaison avec Léon, encore baptisé à ce stade Amédée, dans la dernière partie au lieu de la faire débuter dès la rencontre à Yonville. Un court résumé en marge précise l'enchaînement :

« le vague Mr du bal la mène à Amédée le rêve flottant se fixe – préparée de sentiment adultère en l'âme Amédée la mène Rodolphe – dans l'amour de Rodolphe intersection rapide des deux cercles, qui ne peut durer revient à ~~Rodol~~ Amédée qu'elle a le 1er aimé et dont elle jouit maintenant. »

Ce qui dicte au romancier cette modification capitale n'est donc pas un souci de romanesque ou de dramatisation, mais une volonté de suivre la logique du caractère de son personnage.

Dans le plan général apparaissent les trois parties :

I

Depuis l'entrée au Collège de Ch jusqu'à la fin de l'am. d'Amédée. jusqu'après son dép. pr. Rouen

II

~~Dep~~ Rodolphe – (la baise (sans préparation pr. le lecteur ni pr. elle) jusqu'à la fin des voy de Rouen

III

vertige de sa position – coup avec R. – essai du mari – ad à Léop. – suicide – suicide maladie m – etc.

Le travail documentaire : « Il faut boire des océans et les repisser[1]. »

« Lire, écrire, publier », on aurait peine à trouver un autre auteur à qui pareil programme conviendrait mieux que Flaubert : **la rédaction de chaque ouvrage s'accompagne en effet chez lui d'innombrables lectures préalables, d'un souci de documentation maniaque et boulimique**. Il est bien à l'image des deux bonshommes qu'il mettra en scène dans son dernier roman demeuré inachevé, *Bouvard et Pécuchet.*

Madame Bovary n'échappe pas à la règle car le roman s'est lui aussi accompagné d'un continuel travail de documentation, qu'il s'agisse d'ailleurs de lectures ou de visites et expériences personnelles.

Ainsi, pour la visite de la cathédrale de Rouen que le couple impatient se voit imposer par le Suisse trop consciencieux, Flaubert adresse-t-il à un ami érudit une lettre remplie de questions précises.

Pour l'épisode des comices, il se rend lui-même à « une de ces ineptes cérémonies rustiques[2] » et consulte un compte rendu afin de rédiger l'article ronflant d'Homais.

Dans le domaine médical, particulièrement emblématique de la démarche réaliste puis naturaliste, il multiplie lectures et enquêtes : *Traité de médecine légale* (1836) de Mathieu Orfila pour l'empoisonnement à l'arsenic, *Traité pratique du pied-bot* (1839) du docteur Duval :

> « *J'ai dévoré en trois heures tout un volume de cette intéressante littérature et pris des notes* [...] *Belle étude du reste !*

1. À Louise Colet, 8-9 mai 1852.
2. À la même, 18 juillet 1852.

Que ne suis-je jeune ! Comme je travaillerais ! Il faudrait tout connaître pour écrire[1]. »

Mais, à l'enthousiasme initial doit bien vite succéder le découragement quand il soumet à son frère Achille, médecin à Rouen comme leur père, son projet d'opération :

« *Je me suis aperçu que je me foutais dans la blouse (si l'on peut s'exprimer ainsi). Ma science, acquise de fraîche date, n'était pas solide de base*[2]. »

Il consulte aussi son vieil ami Bouilhet, ancien étudiant en médecine, par exemple sur le mendiant aveugle :

« *Si tu n'as pas assez dans ton sac médical, pour me fournir de quoi écrire cinq ou six lignes corsées, puise auprès de Follin et expédie-moi cela.* » [...] « *J'aurais besoin des mots scientifiques désignant les différentes parties de l'œil (ou des paupières) endommagé*[3]. »

Pour la description de la pharmacie d'Homais, il utilise l'*Officine ou Répertoire général de pharmacie pratique* de Dorvault. Pour la scène de l'extrême-onction, il s'inspire du catéchisme de l'abbé Guillois[4].

Il se renseigne aussi très précisément sur les billets à ordre au point de se constituer un petit dossier personnel sur le sujet, retrouvé dans ses papiers. Sur recommandation, il adresse une lettre le 15 août 1855 à un notaire, Frédéric Fovard, mais s'était d'abord servi d'un document intitulé « Mémoires de Mme Ludovica », manuscrit anonyme, peut-être dû à une

---

1. À Louise Colet, le 4 avril 1854.
2. À la même du 18 avril : démarche qui l'identifie à Charles ridiculisé par le docteur Canivet.
3. Lettre du 16 septembre 1855.
4. Ce texte, mais sans doute dans une édition postérieure, sera d'ailleurs utilisé au procès par son défenseur pour répondre aux attaques de Pinard sur « le mélange du sacré au voluptueux ».

femme de compagnie qui relate les déboires de Louise Pradier.

La phase rédactionnelle

Une œuvre en devenir

Même si **le travail de Flaubert** se veut au départ linéaire et méthodique, il se révèle en réalité beaucoup plus **libre et accidenté**.

Le dernier scénario général ne comporte toujours pas certaines scènes importantes comme la noce, la soirée à l'auberge, la visite à la nourrice, les entretiens avec le curé ou Lheureux, la scène du fiacre. C'est que Flaubert, au cours de la rédaction, revient en arrière, reprend plans, notes et scénarios, et conçoit le roman comme un ensemble dont la progression entraîne en permanence des remaniements :

> « *Quand je serai revenu de Paris, je m'en vais ne pas écrire pendant quinze jours et faire le plan de toute cette fin jusqu'à la baisade*[1] »
> « *je rêvasse à l'esquisse, j'arrange l'ordre*[2] ».

Certaines scènes, qualifiées de « symphonies » comme celle des comices, exigent une rédaction elle-même dispersée :

> « *J'écris dix pages à la fois, sautant d'une phrase à l'autre*[3] ».

On sait aussi que Flaubert, pour composer l'épisode où Rodolphe fait la cour à Emma en contrepoint du discours de Lieuvain, a commencé par rédiger le discours du conseiller d'un seul tenant, puis l'a découpé en bandes qu'il a collées sur des folios en l'intercalant dans le dialogue du séducteur.

---

1. À Louise Colet, 29-30 janvier 1853.
2. À la même, 17 février 1853.
3. À la même, 12 octobre 1853.

Chronologie de la rédaction

<table>
<tr><th colspan="4">1851</th><th colspan="12">1852</th><th colspan="12">1853</th><th colspan="12">1854</th><th colspan="12">1855</th></tr>
<tr><td>S</td><td>O</td><td>N</td><td>D</td><td>J</td><td>F</td><td>M</td><td>A</td><td>M</td><td>J</td><td>J</td><td>A</td><td>S</td><td>O</td><td>N</td><td>D</td><td>J</td><td>F</td><td>M</td><td>A</td><td>M</td><td>J</td><td>J</td><td>A</td><td>S</td><td>O</td><td>N</td><td>D</td><td>J</td><td>F</td><td>M</td><td>A</td><td>M</td><td>J</td><td>J</td><td>A</td><td>S</td><td>O</td><td>N</td><td>D</td><td>J</td><td>F</td><td>M</td><td>A</td><td>M</td><td>J</td><td>J</td><td>A</td><td>S</td><td>O</td><td>N</td><td>D</td></tr>
<tr><td colspan="12">1re PARTIE</td><td colspan="28">2e PARTIE</td><td colspan="12">3e PARTIE</td></tr>
<tr><td colspan="6">chap. 1-6</td><td colspan="18"></td><td colspan="4">chap. 8-9</td><td colspan="6"></td><td colspan="2">13</td><td colspan="2"></td><td colspan="2">15</td><td colspan="12"></td></tr>
</table>

Essai de reconstitution de la chronologie de rédaction du roman

Grâce à la correspondance, il est possible de restituer, avec un certain nombre d'approximations, la chronologie de la rédaction du roman. À la lecture du tableau ci-dessus, on constate que **la rédaction de la deuxième partie aura demandé plus de deux ans de travail, deux fois plus que les première et troisième**, comme si Flaubert, à l'image de son héroïne, s'était littéralement enlisé, embourbé, dans la vie monotone d'Yonville. C'est bien ce qui ressort d'ailleurs de la lecture de sa correspondance.

Dans la première partie (du 19 septembre 1851 au mois d'août 1852), Flaubert atteint le chapitre 6 (les lectures de couvent) en cinq mois et demi. En mai, il termine le chapitre du bal à la Vaubyessard.

La deuxième partie (septembre 1852-fin 1854) voit le chapitre 3 (la visite à la nourrice) achevé en décembre 1852, mais l'année 1853 va se révéler particulièrement difficile. Quand il lit à Bouilhet son manuscrit le 3 juillet, il a atteint l'entrée en scène de Rodolphe. Il lui faudra quatre mois pour rédiger les comices jusqu'en décembre de l'année 1853 qui s'achève sur la « baisade » dans les bois. Au début de 1854, il rédige sans doute le chapitre sur l'opération du pied-bot et, au cours de l'été, la rupture entre Emma et Rodolphe (chapitre 13), avant de consacrer la fin de l'année ou peut-être même le début de la suivante, aux chapitres 14 et 15.

Le début de la troisième partie (début 1855-avril 1856), l'aventure avec Léon à Rouen, occupe le printemps 1855 mais, dans une lettre du 1er octobre, Flaubert avoue ne pas encore savoir comment amener Emma au suicide.

Le manuscrit remis au copiste en avril 1856 a sans doute été achevé fin 1855.

Les étapes

Une fois déterminée la scène à faire, l'effet à produire, l'écriture particulière que cela nécessite, Flaubert rédige tout en continuant à chercher. Il est impossible dans le cadre limité de cet ouvrage, d'étudier en détail les différentes étapes par lesquelles il passe dans la composition d'une scène et qui font l'objet de ce que l'on appelle **critique génétique**[1], mais on peut en donner un aperçu pour la mort d'Emma. Flaubert a très tôt son idée en tête quand il écrit à Louise Colet « ce dont je ne doute pas, c'est du cadavre[2]. » Dès lors, au fur et à mesure des scénarios et des notes il multiplie les notations réalistes comme :

> *« Agonie.*
> *Genoux élevés*
> *lèvres pendantes-décolorées*
> *fait son paquet.*
> *râle*
>
> *tempes*
> *Les ~~pommettes~~ brunes*
> *& terreuses comme*
> *un cercueil pourri. »*

Ces détails cliniques sur l'empoisonnement à l'arsenic, figurant sur une page particulièrement riche qui comporte à la fois l'esquisse des hallucinations d'Emma et le scénario

1. On se reportera au dossier réalisé par Geneviève Winter, *Écrire* Madame Bovary, *Lettres, pages manuscrites, extraits*, Gallimard, coll. Folio plus, 2009. On pourra lire aussi, sur l'épisode de la visite chez la nourrice, de Raymonde Debray-Genette, dans *Métamorphoses du récit*, Seuil, 1988, « La chimère et la sphinx : *Madame Bovary* », p. 49-69.
2. À Louise Colet, 16 septembre 1853.

d'ensemble des chapitres 8-11 de la dernière partie, ont été rayés. Flaubert ne les a pas utilisés tels quels mais ils imprègnent si l'on peut dire le récit de l'agonie dont ils constituent comme la ligne directrice, même en filigrane : l'objectif pour le romancier est d'éviter le piège de la belle mort.

Dans d'autres cas, par exemple la rédaction de la visite chez la nourrice dont Flaubert eut l'idée plus tardivement, on peut voir comment se dégage progressivement, et non sans allers et retours, corrections multiples, la description poétique de la rivière, moment suspendu de communion entre Emma et Léon. Ainsi, comme l'écrit Jean Levaillant :

> *« Le brouillon n'est plus la préparation, mais l'autre du texte*[1]. »

Flaubert a bien raison de s'exclamer :

> *« Si tu savais ce que je retranche et quelle bouillie que mes manuscrits*[2] *!* »

De fait, **les brouillons du romancier s'avèrent difficiles à déchiffrer**. Le premier jet y est constitué de lignes horizontales régulières, légèrement penchées vers le haut. Durant la relecture, Flaubert introduit ratures et ajouts, souvent d'une écriture plus petite, entre les lignes elles-mêmes, ou en marge, raccordant parfois au texte par des flèches ou d'autres symboles. Ces surcharges peuvent se succéder rendant certaines pages presque illisibles.

Dans ses corrections incessantes, Flaubert traque les répétitions :

> *« La phrase la plus simple comme "il ferma la porte", "il sortit", etc., exige des ruses d'art incroyables ! Il s'agit*

1. Cité par Raymonde Debray Genette, *op. cit.* p. 69.
2. À Louise Colet, 15-16 mai 1852.

de varier la sauce continuellement et avec les mêmes ingrédients[1]. »

« Je passe des journées entières à changer des répétitions de mots, à éviter des assonances[2] *!* »

Comme il l'explique lui-même : « Certains passages auront besoin d'être réécrits, et d'autres désécrits[3]. »

Car, comme il se méfie plus que tout de son penchant pour le lyrisme et les belles phrases, il faut parfois accepter de retrancher un passage dont il était si fier :

« C'est là que les petites mortifications intérieures vous arrivent[4]. »

Exercice d'autant plus difficile que Flaubert ayant une conception d'ensemble de l'œuvre, telle correction se répercute ailleurs :

« Il n'y a rien de pis pour moi que de corriger. J'écris si lentement que tout se tient et, quand je dérange un mot, il faut quelquefois détraquer plusieurs pages[5]. »

De correction en correction, Flaubert cherche la bonne rencontre des sons, le rythme juste, avec une prédilection pour le ternaire[6].

Les phrases, une fois trouvées, doivent encore passer **l'épreuve du « gueuloir »** :

---

1. À Louise Colet, 19 mars 1854.
2. À la même, 20 avril 1853.
3. À la même, 25 octobre 1853.
4. À la même, 27 juillet 1852.
5. À la même, 2 juin 1853.
6. Voir Claudine Gothot-Mersch, *La Genèse de* Madame Bovary, Corti, 1966, p. 249-251.

« La tête me tourne et la gorge me brûle d'avoir cherché, bûché, creusé, retourné, farfouillé et hurlé, de cent mille façons différentes, une phrase qui vient enfin de se finir[1]. »

Lorsqu'il a conscience d'en avoir terminé avec un ensemble conséquent, **Flaubert** le **recopie**, ce qui est encore l'occasion de nouvelles corrections plus minimes, puis lit à haute voix le texte suivi à Bouilhet qui lui suggère à son tour de nouvelles corrections.

La dernière étape, une fois le manuscrit définitif achevé, est constituée par **le travail des copistes professionnels** qui mettent le texte final au propre. Cet exercice donne lieu à différentes erreurs de lecture, coquilles diverses, perles que Flaubert relève mi-amusé mi-agacé :

« *Mon copiste me fait des fautes superbes, il m'écrit "garçon de glace" pour "garçon de classe"* [...] *bref je deviens idiot*[2] ».

La suite des modifications interviendra avec les **coupes sur le manuscrit opérées avant publication par *La Revue de Paris***, suppressions que Flaubert conservera parfois, y compris dans l'**édition en deux volumes chez Levy**[3].

Publier

Une publication laborieuse

En avril 1856, le manuscrit de *Madame Bovary* est achevé et Flaubert en fait exécuter une copie pour la *Revue de Paris*

1. À Louise Colet, 25-26 mars 1854.
2. À son cousin Bonenfant, 9 avril 1856.
3. Les sigles et abréviations conventionnels sont les suivants : *ms.* pour le manuscrit autographe, *cop.* pour le manuscrit des copistes, RP, préoriginale parue dans la *Revue de Paris*, enfin *1857, 1862 et 1869* pour les trois éditions chez Michel Lévy.

à qui il l'a vendu. Son ami Maxime Du Camp, co-directeur de cette revue, après l'avoir lu, lui suggère alors certaines modifications ou coupures, parfois très importantes, pour alléger l'ensemble. Flaubert, très réticent au début, finit par en accepter le principe et supprime une trentaine de pages[1].

Mais en découvrant, au mois de juillet, que la copie de son manuscrit a été biffée, par endroits, sans son consentement, le romancier s'emporte violemment et rétablit la plupart des passages supprimés. *Madame Bovary* peut dès lors paraître avec son accord, sous forme de feuilleton, à partir du 1er octobre 1856, et l'auteur se montre très satisfait de l'accueil réservé aux premiers des six numéros prévus par la *Revue de Paris* :

> « *Mon affaire marche très bien, écrit-il à Maurice Schlesinger* [...]. *Les deux premiers numéros de mon roman ont déjà fait quelque sensation parmi la gent des lettres – et un éditeur m'est venu faire des propositions qui ne sont pas indécentes. Je vais donc gagner de l'argent* ».

Mais au moment de publier le cinquième numéro (dont la sortie est prévue le 1er décembre), Maxime Du Camp demande à Flaubert de retirer, entre autres, la scène du fiacre sous prétexte qu'elle peut provoquer une réaction hostile du pouvoir et une information judiciaire pour outrage à la morale publique :

> « *Il fallait,* écrit Du Camp dans ses Souvenirs littéraires (1882), *aller au-devant d'une telle poursuite et, s'il était possible, lui enlever sa raison d'être. Un seul moyen s'offrait à nous : lire attentivement les chapitres que nous avions encore à publier, et en supprimer de concert avec l'auteur,*

1. En particulier deux passages concernant Homais et des conversations dans l'épisode du bal. Voir à ce sujet *Madame Bovary* dans le volume de La Pléiade, *Œuvres complètes, 1851-1862*, p. 1117.

les passages qui pourraient constituer non pas un danger, mais l'apparence d'un danger. »

Il faut préciser que la *Revue de Paris*, dont le libéralisme déplaisait fortement au pouvoir, était sous la menace d'une interdiction de paraître ; elle avait en effet été « avertie » et Flaubert ne l'ignorait pas, comme le prouve une lettre adressée à Madame Schlésinger, le 14 janvier 1857 : « La *Revue de Paris*, où j'ai publié mon roman (du 1er octobre au 15 décembre), avait déjà, en sa qualité de journal hostile au gouvernement, été avertie deux fois. » La troisième risquait de lui être fatale.

La scène du fiacre sera finalement supprimée ; mais lorsque Pichat, le directeur de la revue, avant de publier le sixième et dernier numéro, envisage de faire couper trois passages du roman, dont la scène entre Homais et Bournisien, lors de la veillée funèbre (III, 9), Flaubert explose de colère et lui adresse une lettre virulente :

> *« Mais si la* Revue de Paris *trouve que je la compromets, si elle a peur, il y a quelque chose de bien simple, c'est d'arrêter là* Madame Bovary *tout court. Je m'en moque parfaitement.* [...] *En supprimant le passage du fiacre, vous n'avez rien ôté de ce qui scandalise, et en supprimant dans le sixième numéro ce qu'on me demande, vous n'ôterez rien encore. Vous vous attaquez à des détails, c'est à l'ensemble qu'il faut s'en prendre. L'élément brutal est au fond non à la surface. »*

Dans un premier temps, Flaubert refuse donc ; et il consulte même l'avocat, Maître Senard, qui le défendra plus tard lors de son procès. Sous la pression amicale de Du Camp, il finit néanmoins par accepter les suppressions demandées, à condition d'insérer une note dans laquelle il indiquera qu'il s'est vu contraint de céder aux scrupules de la direction, et priera le lecteur de ne voir dans les deux derniers numéros de la revue « que des fragments et non pas un ensemble ».

La présence de cette note, la publicité faite au roman et le succès foudroyant qu'il rencontre, avant même de paraître sous forme de livre[1], éveillent immédiatement les soupçons de la justice. Le 14 janvier 1857, dans la lettre adressée à Mme Schlésinger, Flaubert précise qu'il a eu « à comparaître devant le juge d'instruction et [que] la procédure a commencé. » Et les poursuites engagées par la justice, pour « outrage à la morale publique et religieuse et outrage aux bonnes mœurs[2] », ne se limitent pas seulement à l'auteur ; elles visent également, Pichat, le directeur de la revue et Pillet, l'imprimeur.

Dès lors, les événements se précipitent. Dans une lettre adressée au docteur Jules Cloquet et datée du 23 janvier 1857, Flaubert annonce sa présence « aux bancs des escrocs, 6e chambre correctionnelle, dix heures du matin ». Et il ajoute, non sans ironie : « Les dames sont admises, une tenue décente et de bon goût est de rigueur. »

Le procès

L'audience a lieu le 29 janvier devant une salle comble.

Le réquisitoire

Le réquisitoire est prononcé par l'avocat impérial, Ernest Pinard, un homme de 35 ans, auquel semble promis un bel avenir. À l'évidence, il connaît bien le roman, qu'il cite abondamment, et il loue à la fois le travail et le talent du romancier.

1. *Madame Bovary* sera publié en deux volumes, par l'éditeur Michel Lévy en avril 1857. Le premier tirage de 15 000 exemplaires, qui ne suffit pas à la demande, sera suivi, en juin, d'un second tirage.
2. Délits prévus par l'article I de la loi du 17 mai 1819.

Il estime, par exemple, le portrait de madame Bovary « des plus étincelants » mais en précisant que le romancier le fait après l'adultère, comme pour mieux en dénoncer le caractère immoral : « car ce tableau est avant tout lascif ». Ainsi, estime-t-il que Flaubert, dans ce roman, « fait une peinture admirable sous le rapport du talent » mais « exécrable au point de vue de la morale ».

Que reproche-t-il au romancier ?

En premier lieu, d'avoir présenté, avec réalisme, autrement dit, selon lui, sans aucune décence, une femme « lascive » qui se complaît dans l'adultère et ignore ses « devoirs » (les deux mots sont répétés à l'envi) d'épouse et de mère. **C'est donc au nom de la morale bourgeoise de l'époque qu'il condamne l'attitude du personnage.** « Cette morale, proclame-t-il, stigmatise la littérature réaliste, non parce qu'elle peint la passion, la haine, la vengeance, l'amour, [...] mais parce qu'elle les peint sans frein. L'art sans règle n'est plus l'art. »

À plusieurs reprises, et sans craindre le contresens, il élargit son angle d'attaque en **suggérant que le romancier témoigne de complaisance, voire de complicité, à l'égard d'Emma et de ses débordements**. Pour le démontrer, il s'appuie notamment sur les protestations de Flaubert, suite à la suppression de plusieurs épisodes, celui du fiacre notamment, qui n'a pourtant pas été publié ; ces protestations, insinue-t-il, prouvent que l'auteur est impliqué dans ce qu'il écrit et en particulier dans les passages où sont dévoilées les « souillures de l'adultère », confondant par là même, sciemment ou non, l'auteur et son œuvre.

La répétition du mot « chute » à forte connotation religieuse (on pense bien sûr à la tentation d'Ève, dans l'Éden), participe, par ailleurs, d'une accusation au moins aussi grave. L'auteur, en effet, soutient Me Pinard, offense la religion quand il décrit, par exemple, la beauté d'Emma (beauté du diable !) le lendemain de sa « chute », et qu'il mêle le sacré au profane en la montrant en train de « prier Dieu avec des paroles adressées à l'amant dans les épanchements de l'adultère », ou encore quand il fait alterner les paroles de l'extrême-onction prononcées par le curé Bournisien, personnage grotesque, avec les paroles « voluptueuses » de la chanson de l'aveugle qui semble lui donner la réplique. La mort d'Emma n'apparaît donc pas, à l'avocat, comme un châtiment, encore moins comme une rédemption ; elle ne présente ni caractère moral, ni dimension religieuse. L'expression « la survenue du néant » est d'ailleurs le signe, selon lui, sinon d'une incrédulité du moins d'un « scepticisme » condamnable de l'auteur.

Tout le réquisitoire de Me Pinard tend donc à prouver que le « réalisme » de *Madame Bovary*, immoral et sacrilège, est d'autant plus pernicieux qu'il s'accompagne d'un incontestable talent littéraire, et d'autant plus condamnable qu'il correspond à la pensée profonde de l'auteur.

La plaidoirie

En réponse à ce réquisitoire, la plaidoirie de Me Senard, ancien président de l'Assemblée Nationale et ami des Flaubert, débute par un témoignage personnel et un portrait flatteur du romancier, qualifié d'« homme sérieux et grave » et d'une moralité irréprochable. Volontairement ou non, il reprend ainsi la confusion, entretenue par Me Pinard, du narrateur avec l'auteur, et plus généralement de Flaubert avec son œuvre. Aussi n'hésite-t-il pas à affirmer que la pensée de *Madame Bovary* « depuis la première ligne jusqu'à la dernière est une pensée morale, religieuse », à l'image donc de son auteur, et qu'il s'agit d'« un bon livre, un livre honnête, utile, moral ». Au fond, **il partage avec l'avocat impérial la même conception utilitariste de l'œuvre d'art et les mêmes**

valeurs éthiques ou religieuses ; et c'est en leur nom qu'il défend son client.

C'est pourquoi il utilise les mêmes exemples et les mêmes arguments même si c'est pour les retourner en faveur de Flaubert. Ainsi rend-il hommage, comme l'avocat impérial, à son travail acharné et aux qualités littéraires de son roman ; mais c'est pour constater aussitôt que l'auteur de *Madame Bovary* n'appartient à aucune école (entendons le réalisme dont l'accusait Me Pinard) et qu'il cherche simplement à s'attacher « à la réalité des choses ».

Maître Senard s'applique également à démontrer que les citations, utilisées par la partie adverse, sont en général très courtes, relèvent du détail et que si l'on considère, comme il le fait lui-même, l'ensemble des passages incriminés, on ne peut qu'être frappé par leur caractère moral et religieux. C'est ainsi qu'il lit l'ensemble de l'épisode du fiacre (que Me Pinard n'avait pu qu'évoquer dans le réquisitoire, faute de le connaître), pour montrer qu'il ne contient rien d'impudique : « Il n'y a pas de détails, pas de description, aucune image qui nous peigne le trouble des sens ; un seul mot indique la chute : elle s'abandonna. » L'avocat de la défense a alors beau jeu d'affirmer que la condamnation de l'épisode, par Me Pinard, a été faite à partir de « ce qu'on ne voit pas [...], des choses qui n'existaient pas » dans le roman. Il se garde bien, cependant, d'évoquer la raison pour laquelle la direction de la *Revue de Paris* en avait demandé la suppression.

Quant à l'accusation de blasphème et de sacrilège, développée dans le réquisitoire, à propos de l'agonie d'Emma, elle ne résiste guère, selon lui, à une analyse approfondie du texte. **La mort d'Emma lui apparaît même comme une leçon morale** pour tout lecteur de bonne foi. La scène de l'extrême-onction fournit d'ailleurs l'occasion, à l'avocat de Flaubert, de faire preuve d'une ironie cinglante. Certes, admet-il, le curé Bournisien est présenté de manière grotesque, mais en l'occurrence, les paroles qu'il prononce sont précisément celles que l'auteur de *Madame Bovary* a trouvées dans un livre, approuvé par l'Église et intitulé : *Explication historique, dogmatique, morale, liturgique et canonique du catéchisme avec la réponse aux objections tirées des sciences contre la religion*, par l'abbé Ambroise Guillois. L'argument est habile : comment, en effet, faire grief au romancier d'avoir retranscrit des passages de ce livre ?

Mais c'est oublier un peu vite le contrepoint que Flaubert réalise avec la chanson de l'aveugle, procédé qu'avait remarqué Me Pinard, sans toutefois en souligner l'ironie. Car l'ironie, dans ce passage comme dans l'ensemble du roman, aurait obligé à distinguer nettement les propos du narrateur de la prise de position prêtée à l'auteur. Or son réquisitoire reposait précisément sur la confusion des deux.

En dépit du scandale que constitue la tenue de ce procès, il reste néanmoins à porter au crédit de l'avocat impérial l'expression d'un doute et d'un trouble qui rendent paradoxalement son analyse du roman de Flaubert plus proche de l'interprétation qu'on en propose aujourd'hui, dans la mesure où elle en fait ressortir l'ambiguïté fondamentale. Du coup, la plaidoirie de l'avocat de la défense, tant admirée par les contemporains, paraît datée, trop marquée par la volonté de lier l'homme à l'œuvre pour dévoiler ce qui en fait la nouveauté, à savoir la façon de parler des êtres et des choses de manière distanciée, impersonnelle. Une phrase de sa conclusion est à cet égard particulièrement significative :

> *« En le faisant venir en police correctionnelle – lui, que vous connaissez maintenant un peu par son livre, lui que vous aimez déjà un peu, j'en suis sûr, et que vous aimeriez*

davantage si vous le connaissiez davantage, – il est bien assez, il est déjà trop cruellement puni. »

L'acquittement

Cette plaidoirie a dû cependant impressionner les juges, puisque, le 7 février, le tribunal prononce l'acquittement général des trois prévenus. Flaubert, alors, ne cache pas sa satisfaction mais en la nuançant, comme en témoigne une lettre du 19 février à Mlle Leroyer de Chantepie :

> *« Cette Bovary que vous aimez a été traînée comme la dernière des femmes perdues sur le banc des escrocs. On l'a acquittée, il est vrai, les considérants de mon jugement sont honorables, mais je n'en reste pas moins à l'état d'auteur suspect, ce qui est une médiocre gloire. »*

Et, de fait, **les attendus du jugement sont pour le moins surprenants et confirment l'embarras du tribunal face à l'ambiguïté de l'œuvre**. Ils semblent en effet privilégier les arguments de l'accusation. Certes, le juge a été sensible au travail du romancier et au fait qu'il « proteste de son respect pour les bonnes mœurs et tout ce qui se rattache à la morale religieuse » ; mais il reconnaît aussi, avant de prononcer l'acquittement, que *Madame Bovary* témoigne parfois d'un réalisme vulgaire, ennemi du beau et du bon, qui sont le but utile de l'art. Il se permet même, en conclusion, de sermonner l'auteur pour avoir oublié « que la littérature, comme l'art, pour accomplir le bien qu'elle est appelée à produire, ne doit pas seulement être chaste et pure dans sa forme et dans son expression ». Après une telle remontrance, on pouvait s'attendre à une condamnation.

C'est d'ailleurs au nom de ces principes que, quelques mois plus tard, en août 1857, Baudelaire, sera condamné pour *Les Fleurs du mal*.

Troisième partie

LIRE

Résumé

Première partie

I) Le roman commence dans une classe de cinquième d'un collège de Rouen, avec l'arrivée d'un nouveau, Charles Bovary, dont la tenue (la casquette notamment) et l'attitude provoquent l'hilarité des élèves. Il vient d'un village, situé entre Normandie et Pays de Caux, où la famille s'est installée à la suite des déboires de son père. Après des études laborieuses, et un échec, il finit par obtenir le titre d'officier de santé et ouvre un cabinet à Tostes. Sa mère le pousse alors à épouser une veuve de 45 ans, riche mais peu avenante et jalouse. La vie du couple tourne vite au cauchemar.

II) Par une froide nuit d'hiver, Charles doit se rendre à la ferme des Bertaux pour soigner le père Rouault, un riche fermier, qui vient de se casser une jambe. Il fait alors la connaissance de sa fille, Emma, dont le charme ne le laisse pas indifférent. Aussi revient-il les jours suivants à la ferme, éveillant ainsi les soupçons de sa femme qui lui interdit finalement d'y retourner. Mais au printemps, Mme Bovary se trouve pratiquement ruinée, suite aux malversations de son notaire, et elle meurt subitement, une semaine plus tard.

III) Quelque temps après, le père Rouault, lui-même veuf, l'invite aux Bertaux pour le remercier de ses soins et pour le distraire. Charles, heureux de revoir Emma, prend l'habitude de venir à la ferme pour la retrouver. À la Saint Michel, il se décide à la demander en mariage à son père qui accepte avec joie. L'hiver se passe en préparatifs de la noce qu'Emma imagine très romantique « à minuit, aux flambeaux ».

IV) Le mariage se révèle en fait très prosaïque ; les convives, les plats, les discours sont d'un goût douteux, et Charles ne brille guère pendant la fête. Mais le lendemain il se trouve le plus heureux des hommes.

V) La venue à Tostes est d'abord l'occasion, pour Emma, de s'occuper de l'aménagement de la maison et de se divertir en jouant du piano ou en dessinant. Mais très vite, elle s'aperçoit que cette vie ne correspond pas à celle qu'elle avait rêvée à partir de ses lectures.

VI) Au couvent, en effet, où son père l'avait envoyée, elle avait pris l'habitude de lire des livres pieux mais aussi toute une littérature romantique qui avait développé en elle des idées romanesques et un « tempérament sentimental ».

VII) C'est pourquoi elle trouve sa nouvelle vie, à Tostes, désolante et sans intérêt, d'autant qu'elle doit supporter les remarques désobligeantes de Mme Bovary mère. Elle accueille donc avec grand plaisir l'invitation que le marquis d'Andervilliers vient de transmettre au couple, pour un bal en son château de la Vaubyessard.

VIII) Emma découvre, lors de la soirée au château, un autre monde, conforme aux rêves et aux lectures de son enfance. Mais son bonheur est de courte durée ; et le retour à Tostes, la banalité de son mari et la platitude de son existence vont désormais souffrir de la comparaison avec cette vie mondaine qu'elle n'oubliera jamais.

IX) D'autant qu'il lui reste un porte-cigares que Charles a trouvé sur la route et qu'elle imagine être la propriété d'un vicomte. Elle essaie alors d'échapper à la médiocrité de sa situation en rêvant de la vie parisienne à travers les romans de Balzac ou de Sue. Déçue de ne pas recevoir une nouvelle invitation, l'année suivante, elle s'enfonce dans une crise nerveuse que son mari croit pouvoir guérir en changeant de lieu de résidence. C'est ainsi que le couple va s'installer à

Yonville après quatre années passées à Tostes. Emma est enceinte.

Deuxième partie

I) Le chapitre commence par une longue description d'Yonville. À la descente de la diligence, où se trouvait Lheureux, le marchand d'étoffes, les époux Bovary sont accueillis par l'aubergiste du *Lion d'or*, Mme Lefrançois, qui leur a préparé le dîner, et par Homais le pharmacien, Léon, le jeune clerc qui loge chez lui, Binet, le percepteur, et le curé Bournisien.

II) Au cours du dîner, Homais et Charles échangent des propos sur la médecine tandis que Léon et Emma sympathisent immédiatement en se découvrant les mêmes aspirations romantiques. L'emménagement dans une nouvelle maison, permet, un temps, à Emma, d'envisager un avenir plus favorable.

III) Mais les débuts sont difficiles pour Charles car la clientèle est peu nombreuse. La naissance d'une fille, Berthe, atténue cependant sa déconvenue. Emma, qui espérait un fils, se montre en revanche fort déçue, et, après le baptême, met l'enfant en nourrice chez Mme Rolet.

IV) La vie à nouveau monotone des Bovary n'est égayée que par l'invitation, le dimanche, chez les Homais. Pendant que le pharmacien et Charles jouent au 31 ou aux dominos, Léon et Emma parcourent *L'Illustration*, lisent des poèmes. Ainsi naît, entre eux deux, un début de passion qu'ils n'osent pourtant pas s'avouer.

V) En février, au cours d'une promenade avec les Homais et Léon, Emma, en comparant son mari au jeune clerc, comprend qu'elle éprouve une inclination pour ce dernier. Le lendemain, elle reçoit la visite de Lheureux qui vient lui proposer ses articles de mode, sans succès. Désormais, elle tente de dissimuler ses sentiments et d'apparaître comme une épouse modèle, bien qu'elle ressente du mépris voire de la haine envers son mari.

VI) En entendant l'angélus, un soir d'avril, elle se souvient de ses années au couvent et espère trouver de l'aide dans la religion. Elle se rend alors à l'église mais le curé Bournisien, préoccupé par l'indiscipline des jeunes polissons du catéchisme, ne comprend rien à la détresse de la jeune femme. Léon, quant à lui, « las d'aimer sans résultat », décide d'aller à Paris pour terminer ses études de droit. Les adieux sont pathétiques. Le soir du départ, Homais annonce que les comices agricoles se tiendront prochainement à Yonville.

VII) Au souvenir de Léon, Emma ressent « une mélancolie morne » qui la pousse à faire quelques achats à Lheureux. Un jour, arrive au cabinet de Charles, le châtelain de la Huchette, Rodolphe Boulanger, accompagné d'un de ses fermiers qui veut être saigné. Séducteur impénitent, il remarque Emma qui participe à la scène et décide d'ajouter son nom à la liste de ses conquêtes amoureuses. Il prévoit ainsi de la revoir lors des comices.

VIII) Les comices se tiennent au mois d'août ; toute la population d'Yonville y prend part. Dans la foule, Rodolphe a rejoint Emma et la charme en simulant un mal de vivre romantique qui ne peut, pense-t-il, que la toucher. Pour être seul avec elle et achever sa conquête, il l'entraîne au premier étage de la mairie d'où ils contemplent la fête. Ses discours convenus de séducteur forment une sorte de contrepoint aux discours creux des officiels et à la remise des médailles. La journée s'achève par un feu d'artifice et Homais écrit, pour *Le Fanal de Rouen*, dont il est le correspondant, un article plein d'emphase.

IX) Pour se faire désirer davantage, Rodolphe attend six semaines avant de reparaître au domicile des Bovary. Il joue alors le rôle de l'amant éploré. Au moment où entre Charles et pour faire diversion, il parle de la santé d'Emma, suggère qu'elle fasse du cheval et se propose de l'accompagner ; Charles trouve l'idée excellente. C'est au cours d'une de leur promenade en forêt, au début d'octobre, que Mme Bovary finit par succomber. Dès lors, les amants se voient ou s'écrivent régulièrement. Emma prend même l'habitude de se rendre au château de la Huchette, ce qui, à la longue, contrarie beaucoup Rodolphe.

X) Un matin, de retour du château, elle rencontre Binet et redoute d'être dénoncée ; mais le percepteur, qui braconnait, ne souffle mot lorsqu'il la retrouve, le soir, chez Homais. Pour éviter d'être surpris ensemble, les deux amants décident de se retrouver, dorénavant, plusieurs fois par semaine au fond du jardin des Bovary. L'hiver se passe ainsi mais Rodolphe se lasse peu à peu de sa maîtresse. Emma elle aussi, bien que subjuguée par son amant, se demande s'il ne serait pas « meilleur » de « pouvoir aimer » son mari.

XI) Une intervention, suggérée à Charles par Homais, lui offre l'occasion de manifester sa tendresse. Il s'agit d'opérer d'un pied-bot Hippolyte, le garçon d'écurie au *Lion d'or*. L'opération semble réussir et Emma en est fière. Mais bientôt la jambe de l'opéré est rongée par la gangrène. Le docteur Canivet, appelé à l'aide, est obligé de pratiquer une amputation de cette jambe. La fierté et la tendresse qu'avait cru éprouver Emma pour son mari disparaissent aussitôt. Le soir même elle se donne à Rodolphe.

XII) La passion d'Emma pour son amant redouble au point qu'elle s'endette auprès de Lheureux pour lui offrir des cadeaux et des effets en vue d'un long voyage. Elle cherche en effet à convaincre Rodolphe de fuir avec elle, loin d'Yonville. Il semble accepter ; la date de départ est fixée au 4 septembre. Mais la veille, en la quittant, il sait déjà qu'il ne viendra pas.

XIII) Pour expliquer son renoncement, Rodolphe écrit une lettre. En la lisant, dans le grenier de sa maison, Emma, saisie d'étourdissement, est tentée par le suicide. Mais Charles l'appelle ; elle redescend. Au cours du repas, en entendant passer le tilbury de Rodolphe, elle s'évanouit. Charles et Homais diagnostiquent alors une « fièvre cérébrale » sans en comprendre la cause. La maladie d'Emma dure jusqu'à la mi-octobre.

XIV) Du coup, Charles délaisse sa clientèle et se voit contraint d'emprunter de l'argent à Lheureux qui lui fait signer une reconnaissance de dettes. Pendant sa convalescence, Emma a une crise mystique : elle lit des ouvrages pieux, se livre à « des charités excessives ». Mais cette ardeur religieuse cesse au début du printemps au grand soulagement de Homais, le voltairien, qui conseille à Charles, pour distraire Emma, de la conduire au spectacle, à Rouen. Le couple part le lendemain.

XV) Les Bovary assistent, dans une loge, à une représentation de *Lucie de Lammermoor* de Donizetti. Emma est d'abord éblouie par la salle, par le ténor et par cet opéra qui lui rappelle les lectures de sa jeunesse. Charles en revanche cherche à comprendre le drame qui se joue. À l'entracte, il rencontre Léon qui en profite pour venir saluer Mme Bovary dans sa loge ; mais à la reprise de la représentation, Emma se plaint d'une chanteuse et de la chaleur ; aussi décident-ils de partir avant la fin. Le jeune clerc invite alors le couple au café et Charles suggère à sa femme de rester un jour de plus à Rouen pour revoir l'opéra. Léon n'en espérait pas tant ; il fixe rendez-vous à Emma pour le lendemain.

Troisième partie

I) Léon rejoint donc Emma le lendemain à l'hôtel de la Croix-Rouge. Ils évoquent avec nostalgie les souvenirs de Yonville et conviennent de se revoir le jour suivant, dans la cathédrale de Rouen. Léon, en avance au rendez-vous attend Emma avec impatience et refuse de suivre un suisse qui se proposait de lui servir de guide pour la visite de l'édifice. Emma arrive enfin, dissimule son émoi en s'efforçant de prier, et en acceptant une nouvelle offre du suisse. Léon parvient finalement à se libérer de l'importun. En sortant de la cathédrale, il commande un fiacre. Commence alors une folle traversée de la ville, rideaux baissés, durant laquelle, on le devine, Emma finit par céder aux avances du jeune clerc.

II) De retour à Yonville, elle entre chez Homais, et est témoin de la colère du pharmacien qui reproche à Justin, son aide, de lui avoir apporté, pour les confitures, une bassine qui se trouvait près d'une bouteille contenant de l'arsenic. Tout à sa remontrance, il annonce à la jeune femme, sans ménagement, la mort de son beau-père. Le lendemain, Mme Bovary mère arrive pour préparer avec le couple « les affaires de deuil ». Apparaît alors Lheureux venu pour suggérer, en privé, à Emma, d'obtenir une procuration de son mari. Elle en fait part à Charles et lui propose de consulter sur ce point un notaire de Rouen. Pourquoi pas Léon ?, lance-t-il. C'est pour Emma l'occasion de rester trois jours avec son amant.

III) Ce seront trois jours d'un amour très romantique, à l'hôtel de Boulogne, sur le port. Au moment de se quitter, ils conviennent de s'écrire, en se servant de Mme Rolet, la nourrice, comme boîte à lettres.

IV) Pressé de revoir sa maîtresse, Léon décide, un jour, de venir à Yonville. Il la rejoint le soir, dans le jardin, comme le faisait Rodolphe. Elle lui promet de tout faire pour le retrouver le plus souvent possible. Elle demande ainsi à son mari, sous prétexte de prendre des leçons de piano, la permission de se rendre une fois par semaine à Rouen ; et elle multiplie les achats auprès de Lheureux.

V) Elle prend donc la diligence tous les jeudis matin et arrive à Rouen quand la ville s'éveille. Là les deux amants se retrouvent dans une chambre douillette où ils peuvent donner libre cours à leur passion. Un jour, Lheureux surprend Emma au bras de Léon et profite de cette découverte pour venir demander à la jeune femme, peu de temps après, de vendre un bien de Monsieur Bovary père. Elle trouve l'idée séduisante ; mais le bien, mal vendu, ne permet pas de rembourser toutes les dettes du couple. Aussi Charles fait-il appel à sa mère qui s'en prend aux dépenses de sa belle-fille, en vain. Un soir, Emma n'étant pas revenue de Rouen, Charles décide d'aller la chercher. Il erre toute la nuit dans la ville et ne la retrouve, par hasard, qu'au petit matin, sans rien soupçonner. Dès lors, Emma prend l'habitude de rejoindre son amant sous n'importe quel prétexte.

VI) Un jeudi, Homais prend la diligence pour Rouen afin de retrouver, comme Léon le lui avait suggéré, tous les lieux de sa jeunesse. Il se rend chez le jeune clerc et l'entraîne au café. Emma, qui se morfond et s'impatiente, décide finalement de quitter l'hôtel où elle attendait son amant. Désormais sa passion diminue et Léon de son côté commence à se détacher d'elle. Pendant ce temps, la maison d'Yonville va à vau-l'eau et les dettes s'accumulent si bien qu'Emma doit emprunter de plus en plus : vendre de vieilles affaires, en effet, ne suffit plus. Un soir, à la mi-carême, au retour d'un bal masqué, elle découvre que ses meubles et effets vont être saisis. Lheureux qu'elle sollicite refuse catégoriquement de l'aider.

VII) Un huissier, maître Hareng, vient répertorier les objets saisis. Emma cherche alors désespérément des soutiens, d'abord auprès de banquiers de Rouen ; puis elle se tourne vers Léon à qui elle demande même d'aller voler de l'argent dans son étude. Mais c'est partout le même refus. Un jour, revenant de Rouen, elle revoit l'aveugle auquel Homais, qui l'accompagnait, dispense des conseils diététiques avant de lui donner un peu d'argent. Emma, paradoxalement, se montre plus généreuse. Revenue à Yonville, elle se rend chez Me Guillaumin pour lui demander 1 000 écus, mais le notaire profite de l'occasion pour tenter d'abuser d'elle. Outrée, Emma le quitte et court chez Binet. Là encore, elle essuie un refus. Elle a alors l'idée de s'adresser à Rodolphe, dans son château.

VIII) Malgré son appréhension, Emma est heureuse de revoir son premier amant ; de son côté, il ne se montre pas insensible ; mais quand elle lui demande 3 000 francs, il lui avoue sèchement qu'il ne peut lui donner une telle somme. Abattue et comme hallucinée, la jeune femme s'enfuit et se rend directement chez les Homais qui sont en train de dîner. Là, à l'insu du pharmacien mais avec la complicité de Justin, elle se procure de l'arsenic et s'empoisonne. En rentrant chez elle, elle ressent les premiers effets du poison. Charles, désemparé, fait appel à Homais puis au docteur Canivet, enfin à Larivière, un docteur de grand renom. Mais tous avouent qu'on ne peut plus rien pour elle. On appelle alors le curé Bournisien qui lui donne l'extrême-onction. Avant de mourir, Emma entend la chanson de l'aveugle, venu à Yonville suite aux conseils d'Homais, et se met à rire.

IX) Charles, au désespoir, maudit le ciel mais donne ses instructions pour l'enterrement. Lors d'une première veillée du cadavre, Bournisien et Homais se disputent à propos de la religion catholique. Le jour suivant, Mme Bovary mère arrive et on prépare la défunte. Lors de la seconde veillée funèbre, le curé et le pharmacien reprennent leur discussion, non sans sombrer parfois dans le sommeil, tandis que Charles se remémore les instants de bonheur qu'il a connus avec sa femme. Emma est enfin mise en bière.

X) Le père d'Emma, venu pour l'enterrement, s'évanouit en arrivant à Yonville. Dans l'église, Charles, accablé de chagrin, cherche à « s'exciter à la dévotion », sans succès. Il enrage. À l'issue de la cérémonie religieuse, tout le village suit le convoi funèbre jusqu'au cimetière. Rodolphe et Léon ne sont pas présents. Après le départ du père Rouault, Charles se retrouve seul avec sa mère et sa fille Berthe. Le soir, Justin, en pleurs, s'introduit dans le cimetière pour se recueillir sur la tombe d'Emma.

XI) Dès lors, les événements se précipitent. Charles est assailli par les créanciers, abandonné par la bonne, Félicité, qui part en emportant les habits de sa maîtresse ; il se brouille avec sa mère à qui il a demandé d'hypothéquer ses biens. On apprend entre-temps le mariage de Léon. Un jour, Charles trouve la lettre de Rodolphe mais se refuse à y voir un témoignage d'une liaison amoureuse. Il prévoit même un mausolée fastueux pour la défunte. Mais quelque temps plus tard, dans un tiroir secret du bureau d'Emma, il découvre les lettres de Léon et un portrait de Rodolphe. Le doute n'est plus permis. Pourtant lorsqu'il rencontre Rodolphe, peu après, au marché d'Argueil, il lui accorde son pardon. Le lendemain, Berthe le trouve mort sur le banc, dans la tonnelle du jardin. Recueillie par une tante, elle est placée, par la suite, comme employée dans une filature. Quant à Homais, il connaît enfin la consécration : « Il vient de recevoir la croix d'honneur ».

La composition du roman

« Les perles composent le collier, mais c'est le fil qui fait le collier. Or, enfiler les perles sans en perdre une seule et toujours tenir son fil de l'autre main, voilà la malice[1]*. »*

Un souci constant

Flaubert a souvent insisté sur l'importance qu'il accordait au plan dans la réussite d'un ouvrage et sur les difficultés de composition : « Quelle lourde machine à construire qu'un livre, et compliqué surtout[2] ! ». Il s'agit en effet d'**équilibrer les différentes parties** d'une séquence. Par exemple sur le début de sa deuxième partie, Flaubert note :

« Il ne faut pas que le prologue emporte le récit (quelque fondu et déguisé que soit le récit), et j'aurai fort à faire pour établir une proportion à peu près égale entre les aventures et les pensées[3]*. »*

Comme le suggère ici la parenthèse, il faut ensuite **fondre l'ensemble** :

« [...] *mais j'ai eu bien du ciment à enlever, qui bavachait entre les pierres, et il a fallu retasser les pierres pour que les joints ne parussent pas*[4]*. »*

et **imprimer un mouvement** :

« C'est une série de paragraphes tournés, arrêté, et qui ne dévalent pas les uns sur les autres. Il va falloir les dévisser,

---

1. Lettre à Louise Colet du 26 août 1853.
2. À la même du 13 septembre 1852. Le terme est courant dans le jargon des artistes en général, voir par exemple dans *L'Œuvre* de Zola.
3. À Louis Bouilhet, 10 décembre 1853.
4. À Louise Colet, 2 juillet 1853.

lâcher les joints, comme on fait aux mâts de navire quand on veut que les voiles prennent plus de vent[1]. »

Épisodes déplacés ou supprimés

Leur étude révèle le souci de composition et d'équilibre. Flaubert a eu assez tôt l'idée de repousser l'adultère avec Léon, initialement prévu dès l'arrivée à Yonville. Le deuxième scénario précise : « pas de baisade – elle fixe sur lui son besoin de cœur ».

Flaubert a également choisi de couper un certain nombre de scènes ou de développements[2]. À la fin du bal de la Vaubyessard, il avait d'abord imaginé Emma se promenant au petit matin dans le parc du château après une nuit blanche et regardant le paysage à travers les verres de couleur des fenêtres d'un pavillon[3]. Le romancier a préféré renoncer à cette rêverie pour ne conserver que le contraste plus saisissant entre le désir de l'héroïne et le retour à la plate réalité :

> *« Elle aurait voulu savoir leurs existences, y pénétrer, s'y confondre. Mais elle grelottait de froid. Elle se déshabilla et se blottit entre les draps, contre Charles qui dormait. »*

Parmi les épisodes supprimés, Flaubert avait aussi imaginé deux pages exposant différentes conversations pendant le bal[4], une discussion à propos des livres au moment où Charles et sa mère décident de résilier l'abonnement d'Emma

---

1. À Louise Colet, 29-30 janvier 1853.
2. Plus particulièrement dans la première partie, voir Claudine Gothot-Mersch, *op. cit.*, p. 234.
3. Voir les cinq versions successives de l'épisode dans la nouvelle édition Pléiade p. 542-547 et les commentaires p. 1192-1193.
4. *Ibid.* p. 547-550.

victime de ses mauvaises lectures (II, 7)[1], et la description du jouet offert aux enfants Homais (II, 14)[2].

Il faut préciser que les pages supprimées comptèrent souvent parmi celles qui lui avaient demandé un énorme travail. C'est le cas pour une scène projetée de foule s'extasiant devant un employé en train d'installer des lampions pour les comices.

> « *Ce soir j'ai encore recommencé sur un nouveau plan ma maudite page des lampions que j'ai déjà écrite quatre fois. Il y a de quoi se casser la tête contre le mur !* [...] *Il s'agit de peindre les gradations d'enthousiasme d'une multitude* [...] *Il faut qu'on voie la foule gueuler d'étonnement et de joie ; et cela sans charge ni réflexions de l'auteur*[3]. »

Pourquoi Flaubert a-t-il choisi ces suppressions ? Il ne s'en ouvre pas dans sa correspondance, mais on peut avancer des explications probables. Avant toute chose, nous l'avons vu, il est particulièrement attentif à l'organisation et à l'équilibre du roman en général et de chaque épisode en particulier, or certains développements, trop longs, menaçaient sans doute dans son esprit la cohérence ou du moins le rythme des scènes. Par exemple, deux pages de conversation au cours du bal eussent été trop longues alors que le seul échange conservé entre le « cavalier en habit bleu » et la « jeune femme pâle », outre sa concision, a le mérite d'être perçu avec les yeux d'Emma comme une véritable illustration de keepsake*. Peut-être aussi Flaubert a-t-il été sensible à des phénomènes de redites plus qu'à des échos nécessaires. Ainsi, la longue description du jouet des petits Homais peut-elle sembler la reprise de celle de la pièce montée de la noce, elle-même

1. *Ibid.* p. 550-552.
2. *Ibid.* p. 552-554.
3. Lettre à Louise Colet du 30 septembre 1853.

écho de la fameuse casquette de Charles[1]. Flaubert se méfiait aussi de sa tendance à déborder, se laisser entraîner par son sujet, son goût de l'épanchement personnel, de la rêverie. La page consacrée aux verres de couleur en témoigne. Elle a en effet donné lieu d'abord à une véritable expérimentation de sa part, une véritable rêverie, dont il a tâché ensuite de restituer l'étrangeté et la poésie :

> « *Sais-tu à quoi j'ai passé tout mon après-midi d'avant-hier ? à regarder la campagne par des verres de couleur. J'en avais besoin pour une page de ma Bovary qui, je crois, ne sera pas des plus mauvaises*[2]. »

Mais l'épisode, trop long par rapport à l'équilibre général du chapitre, lui est peut-être apparu finalement à la fois comme une confession trop personnelle et comme une sorte de recherche trop théorique sur la dimension visuelle de l'écriture[3]. Les développements sur Charles, son histoire, sa psychologie, ont, eux aussi, été parfois considérablement resserrés[4]. Il faut également mentionner les passages que la

---

1. Sans oublier « une de ces ivoireries indescriptibles » sur laquelle Binet travaille à son tour. De plus, la longue digression descriptive plutôt divertissante et ironique aurait détoné dans un chapitre consacré au profond sentiment d'ennui d'Emma. C'est toujours l'évolution du personnage qui dicte sa loi. Dans le même ordre d'idées, une longue description du jardin de l'apothicaire (éd. Pléiade p. 1154) aurait parasité celle du jardin d'Emma qui de surcroît a le mérite de jouer un rôle autrement plus important en suggérant le passage du temps et l'ennui de l'héroïne.
2. À Louise Colet, 15-16 mai 1852.
3. On peut le rapprocher d'un autre passage supprimé, plus court, initialement placé dans l'évocation de la vie du couple à Tostes : un tableau mouvant et poétique des nuages contemplés par Emma au soleil couchant (Pléiade p. 1151). On peut regretter la disparition de passages comme celui-ci : « avec des points d'ombre çà et là dans enfoncements (*sic*) qui faisaient comme les boutons de cet immense divan capitonné »).
4. Voir par exemple Pléiade p. 1148-1149.

censure de *La Revue de Paris* fit disparaître et que Flaubert n'a pas restitués alors qu'il avait d'abord défendu le rétablissement de certains. A-t-il considéré qu'en fin de compte certaines notations plus crues, qu'elles concernent la vie avec Charles ou les liaisons d'Emma[1], ne se justifiaient plus ?

Une disproportion calculée

Le roman est divisé au moment de sa composition en trois grandes parties correspondant aux trois étapes du récit, trois périodes mais aussi trois lieux : entre la deuxième et la troisième, on quitte Tostes pour Yonville où Emma rencontre Rodolphe ; la troisième, elle, introduit Rouen et la liaison avec Léon.

Il faut d'abord relever la disproportion calculée entre les différentes parties : la première comporte 9 chapitres, la deuxième 15 et la dernière 11. **La partie centrale est la plus longue** (deux fois plus que la première, un tiers de plus que la dernière). Après avoir présenté les personnages et posé la situation, Flaubert enlise si l'on peut dire Emma plus longuement avant que la dernière partie produise un sentiment d'accélération correspondant à la tension dramatique qui conduit brutalement à la mort de l'héroïne.

La structure cyclique : spirale et rond de serviette

De temps à autre, durant l'interminable rédaction de ce roman qui l'« assomme », selon sa formule redondante,

1. Par exemple la sueur du premier qui laisse « deux plaques vertes » sous les aisselles de sa chemise ou la scène où Léon utilise comme support à sa « rêverie » amoureuse un gant d'Emma, « boutonné, tendu, agissant coquettement en mille fonctions indéterminées », Pléiade p. 1153-1154.

Flaubert se plaît à rêver du nouveau, de l'action, à la manière de son héroïne. Ainsi, écrit-il à Louise Colet le 7 avril 1854 à propos de la dernière partie :

> *« Je vais entrer maintenant dans la partie dramatique et mouvementée. Encore deux ou trois grands mouvements et j'apercevrai la fin*[1]*. »*

Cependant, cet espoir est vite déçu et l'auteur retombe dans le morne labeur quotidien. C'est que le roman présente, malgré son caractère linéaire, **une structure répétitive**. Comme l'ont bien montré certains critiques, chaque phase du roman est construite **sur le principe de la déception** que l'on pourrait résumer dans la formule **noce-adultère-mort**. Dans la première partie, il s'agit d'un adultère symbolique au cours du bal de la Vaubyessard et c'est la maladie nerveuse d'Emma qui constitue une première expérience de la mort. La deuxième partie offre deux séquences comparables de part et d'autre des comices : la grossesse renouvelle les noces avec Charles, elle est suivie par l'amitié amoureuse avec Léon qui ne conduit qu'au refoulement et à la souffrance ; l'opération du pied-bot peut se lire à son tour comme une nouvelle noce symbolique avec l'officier de santé, suivie de l'adultère avec Rodolphe qui entraîne la mort sentimentale de l'héroïne[2]. La troisième partie présente une variante intéressante puisque

1. Ou le 9 mai 1855 à Louis Bouilhet : *« Enfin dans une huitaine j'en serai aux grandes fouteries de Rouen. C'est là qu'il faudra se déployer !!! »*
2. On pourra remarquer que certaines expressions à ce moment-là annoncent très clairement le dénouement : Homais se précipite, Emma est prise de « mouvements convulsifs », il envoie chercher « un peu de vinaigre aromatique ». Puis, comme elle rouvrait les yeux en respirant le flacon : « – J'en étais sûr, fit-il ; cela vous réveillerait un mort. » Peu après, on envoie chercher les docteurs Canivet puis Larivière. Comme souvent Flaubert délègue au pharmacien la voix de l'ironie tragique.

c'est cette fois Léon qui tient le rôle du mari[1] et que c'est avec Lheureux qu'Emma « consomme », multipliant dépenses et billets à proportion que le clerc la déçoit. Enfin vient la mort définitive.

Flaubert choisit d'écrire son roman selon « une ligne droite géométrique[2] », cela vaut pour l'intrigue où les analepses* et prolepses* sont l'exception[3], cela vaut pour la rédaction même de l'ouvrage qui suit la chronologie de l'action et l'ordre des chapitres. Le roman est en effet construit sur de **grandes scènes, reliées par** les passages de ce que Flaubert nomme la « **narration psychologique** ». Elles revêtent une importance dramatique ou symbolique particulière et constituent des étapes dans la lecture par leur ampleur (de 10 à 20 pages pour des actions durant souvent moins d'une journée).

Certaines d'entre elles interviennent avant et après l'entrée en scène d'Emma dans le roman, elles permettent de refermer le livre comme il a été ouvert. En effet, à la série initiale : apparition de Charles-rencontre d'Emma-noce, correspond dans l'ordre inverse : séparation par la mort d'Emma-enterrement-mort de Charles. Les scènes les plus marquantes concernent cependant l'héroïne : bal à la Vaubyessard, scène avec Rodolphe aux comices, soirée au théâtre de Rouen, scène du fiacre. Ces quatre moments correspondent à la rencontre des hommes rêvés : le vicomte au cours du bal, auquel fait écho sur une scène tout aussi imaginaire le chanteur Lagardy, pour ceux qui demeurent à l'état de rêves parfaits et inaccessibles, puis leurs figures dégradées, Rodolphe et Léon. Pour reprendre et généraliser une expression utilisée par Flaubert

1. « Emma retrouvait dans l'adultère toutes les platitudes du mariage. » (III, 6)
2. À Louise Colet, 1er février 1852.
3. Voir le chapitre sur le temps p. 119-138.

pour caractériser l'effet produit par le bal sur Emma, **ce genre de scènes « fait un trou »**.

Georges Poulet souligne à quel point **l'image du cercle est omniprésente chez Flaubert**[1].

La construction cyclique du roman est **à l'image même de la vie de l'héroïne, répétitive et fermée**. « Toute l'amertume de l'existence, écrit Flaubert dans un raccourci saisissant, lui semblait servie sur son assiette. » Poulet analyse aussi le **mouvement de contraction et d'expansion** qui caractérise le récit et reprend la métaphore* de la pierre jetée dans l'eau qui provoque des cercles concentriques allant s'élargissant pour désigner les accidents qui selon Emma viennent heureusement déranger le cours trop uni des existences[2]. Le tour de Binet et ses innombrables ronds de serviette peuvent également se lire à la fois comme une métonymie* et une métaphore* du roman tout entier. La construction de *Mme Bovary* apparaît bien à cette image, mais à la spirale ascendante qui caractérise les rêveries d'Emma[3], la progression du livre oppose une **spirale descendante** qui la conduit au néant[4]. La

1. « Cette métaphore se retrouve, en effet, à chaque instant dans l'œuvre de Flaubert, et elle s'y avère si insistante, si nécessaire, si significative, qu'il faut bien la reconnaître pour l'image essentielle par laquelle s'expriment les rapports du monde et de l'être dans l'imagination flaubertienne. », *Les Métamorphoses du cercle*, Plon, 1961, p. 375.
2. « Il tombait quelquefois un accident qui secouait leur surface. L'occasion inattendue pouvait amener des péripéties à l'infini. Mais, pour elle, rien n'arriverait. », tiré des *Ébauches et fragments inédits,* cité par Poulet, *op. cit.* p. 379.
3. Comme celles de Flaubert qui s'identifie à son héroïne par exemple quand il relit les albums de son enfance pour préparer le chapitre sur les lectures d'Emma : « Mes voyages, mes souvenirs d'enfant, tout se colore l'un de l'autre, se met bout à bout, danse avec de prodigieux flamboiements et monte en spirale. » À Louise Colet, 3 mars 1852.
4. *La Spirale* est le titre d'une œuvre projetée par Flaubert ; on en trouvera les quelques notes préparatoires dans le tome II de La Pléiade,

reprise de certaines scènes permet alors de rendre sensible la dégradation. Au bal idéal de la Vaubyessard (I, 8) s'oppose le bal masqué de Rouen (III, 6). L'apparente progression qui fait passer de la ferme paternelle à Tostes, Yonville puis Rouen, correspond donc en réalité à un parcours de déchéance[1].

Les échos

Ce sont parfois des détails en apparence insignifiants qui, par leur reprise, souvent discrète, dessinent comme un fil assurant la continuité du mouvement. On pourra par exemple relever **le thème du pied** qui **parcourt le roman**[2]. Le pied léger et érotique d'Emma, qui fait sa dernière apparition dans la scène de l'extrême-onction, revient régulièrement dans le roman[3]. Sa bottine, maintes fois évoquée, contraste avec les lourdes chaussures de Charles. Le thème récurrent du glissement, du trébuchement de l'héroïne, sert de discrète métaphore* à sa « chute », ses adultères, fautes qui se rappellent à sa mauvaise conscience comme Hippolyte le boiteux incarne l'échec d'une opération censée raffermir le

---

p. 1039 : « Faire un livre exaltant et moral. Comme conclusion prouver que le bonheur est dans l'Imagination. »

1. Ce genre de progression abonde dans le roman d'apprentissage, ou sa remise en question comme *Le Rouge et le Noir*. On peut également faire observer que, très symboliquement, Flaubert ne donne de Tostes que la description de la maison du couple alors qu'il consacre tout le début du premier chapitre de la partie II à une description objective de Yonville dont il a dessiné le plan sommaire dans ses brouillons. Enfin, dans les descriptions plus poétiques de Rouen il épouse le regard d'Emma.
2. On pourra se reporter à ce sujet aux extraits de la thèse de Florence Emptaz, Gustave Flaubert, *Pour une orthopédie revue et corrigée*, publiés sur le site http://flaubert.univ-rouen.fr
3. Comme lors de la première rencontre avec Léon où Emma : « tendit à la flamme, par-dessus le gigot qui tournait, son pied chaussé d'une bottine noire », Le détail, pour réaliste qu'il soit, est saturé de sous-entendus érotiques.

couple chancelant. On pourra aussi rappeler le soin qu'elle met à « serrer pieusement dans la commode [...] jusqu'à ses souliers de satin » telle une nouvelle Cendrillon après le bal[1].

Une composition musicale

On pourra ainsi faire remarquer l'alternance entre des scènes « symphoniques » pour reprendre le terme même utilisé par Flaubert[2], le dîner à l'auberge du *Lion d'or* ou les comices, et des parties pour solistes, au premier rang desquels Emma. Flaubert utilise aussi les termes de « duo », « quatuor » ou « tutti » dans ses notes de régie. De même, pour le rythme, il précise par exemple « vif », « vif et tendre ». Le modèle musical s'impose enfin dans la scène de l'agonie avec la chanson du mendiant en contrepoint des prières du curé.

Le découpage en chapitre

Pour être tardif, puisqu'il sera réalisé juste avant l'impression, le découpage final en chapitres n'en est pas moins soigneusement calculé. Le choix des césures ainsi opérées crée en effet une véritable scansion du texte, un rythme très particulier en organisant, guidant la lecture tout en privilégiant l'impression de continuité.

La longueur

Il faut tout d'abord observer que **tous les chapitres n'ont pas la même longueur**. Flaubert introduit des variations aux

1. On pourra par exemple s'amuser à relever et commenter toutes les occurrences du mot « bottines » grâce au moteur de recherche du site de l'université de Rouen.
2. « Si jamais les effets d'une symphonie ont été reportés dans un livre, ce sera là ! » À Louise Colet, 12 octobre 1853.

effets calculés. Le chapitre de la lune de miel à Rouen (III, 3) concentre ainsi les trois jours en un peu plus de deux pages seulement, sorte de parenthèse de bonheur, coupure dans le récit. Au contraire, pour l'arrivée à Yonville, Flaubert use de trois chapitres en dilatant l'épisode : Au chapitre II, 1, il nous donne à voir l'attente au *Lion d'or*. Au chapitre suivant, nous assistons à la soirée à l'auberge, enfin le chapitre 3 commence par « Le lendemain, à son réveil ».

Les coupes

Dans de nombreux cas, **le début du chapitre suivant prolonge simplement le précédent** à la manière d'un nouveau paragraphe, voire d'une même phrase. Ainsi, entre les chapitres 5 et 6 de la première partie, la phrase : « [...] qui lui avaient paru si beau dans les livres. » se poursuit naturellement en « Elle avait lu ». Cet enchaînement fait parfois passer d'un épisode, une scène plus dramatique (sous forme de récit, de dialogue au discours direct) à ses conséquences dans un temps plus long, dilaté et répétitif. La fin du chapitre 11 de la deuxième partie met en scène les retrouvailles d'Emma et Rodolphe : « Ils s'étreignirent, et toute leur rancune se fondit comme une neige sous la chaleur de ce baiser ». Le chapitre suivant s'ouvre par « Ils recommencèrent à s'aimer. », et ce schéma reprend lui-même celui qui faisait passer de II, 9 à II, 10 : « Enfin il déclara, d'un air sérieux, que ses visites devenaient imprudentes et qu'elle se compromettait. » conduit à « Peu à peu, ces craintes de Rodolphe la gagnèrent. » Finalement, séparation, retrouvaille débouchent toutes deux sur un temps cyclique et répétitif et l'on passe de l'une à l'autre de manière tout aussi répétitive.

Vraies fausses annonces

Même quand on trouve de véritables ruptures, Flaubert les atténue par différents procédés. Tout d'abord, ces prétendues ruptures ne débouchent en général sur rien. Même si elles amènent à un authentique changement de situation, le romancier les introduit par des formules vagues qui les diluent dans le flux temporel. Par exemple, pour la première rencontre d'Emma par Charles, le chapitre I, s'ouvre par « Une nuit » ; le suivant, où le père Rouault vient l'inviter et lui donne l'occasion de revoir Emma, commence simplement par « Un matin[1] ».

Certains épisodes cependant semblent annoncés de façon plus marquée et dramatique. Les comices tout particulièrement font l'objet d'un soigneux travail de préparation de la part du romancier qui entrelace le motif du départ de Léon (II, 6), celui de la rencontre avec Rodolphe (II, 7) et l'annonce des festivités champêtres[2]. Le chapitre 8 s'ouvre enfin par l'attaque célèbre : « Ils arrivèrent, en effet, ces fameux comices ! », dont la formulation adopte tout à la fois le point de vue du séducteur et celui du romancier pressé d'en arriver à cette scène à faire[3]. Il faudra cependant attendre encore six semaines pour voir réapparaître Rodolphe.

On peut aussi analyser le passage des chapitres II, 4 à II, 5. Le premier s'achève en effet par une annonce dramatisée par la métaphore* de la maison, l'irruption du passé simple

1. Tous ces traits d'écriture sont bien entendu à mettre en relation avec le traitement du temps dans le roman voir p. 119 et suivantes.
2. C'est à la fin du chapitre II, 6 relatant le départ de Léon, qu'Homais annonce triomphant les comices ; le chapitre 7, où Rodolphe fait son apparition, s'achève par sa résolution de mettre à profit l'occasion : « [...] voilà les comices bientôt ; elle y sera, je la verrai. Nous commencerons, et hardiment, car c'est le plus sûr. »
3. Flaubert trouve très tôt cette attaque, dès les plans.

souligné par un adverbe de temps dans la subordonnée qui coupe la principale à l'imparfait :

> « *Elle ne savait pas que, sur la terrasse des maisons* [...] *lorsqu'elle découvrit subitement une lézarde dans le mur.* »

Le suivant commence par :

> « *Ce fut un dimanche de février, une après-midi qu'il neigeait*[1]. »

La coupure entre les deux chapitres vient ici détacher cette journée mais, pour mieux déboucher sur rien, une frustration à la mesure du désir brutalement ressenti.

Les seuils

On pourrait enfin envisager un dernier modèle de transitions que l'on pourrait qualifier d'effets de seuil, chaque fois que **la fin d'un chapitre nous laisse à l'entrée d'un lieu où nous ne pénétrons qu'au début du chapitre suivant**. C'est le cas pour la maison de Tostes (Partie I, fin du chapitre 4 et début du chapitre 5). Ce procédé prend un sens tout particulier lorsque l'entrée coïncide avec le début d'une des grandes scènes autour desquelles s'articule le livre : l'arrivée au château de la Vaubyessard (I, 7-8), l'entrée à l'opéra de Rouen (II, 14-15) ou la dernière visite chez Rodolphe (III, 7-8). Dans les trois cas, Flaubert retarde encore l'entrée proprement dite pour accentuer le sentiment d'attente d'Emma.

La même scène coupée ou pas

Selon les cas, Flaubert choisit de **marquer une césure à l'intérieur d'une même scène** qui aurait pu se poursuivre

1. On pourra observer qu'un lien subtil fait passer de la pluie, métaphorique, à la neige, réelle cette fois.

sans arrêt, ou bien de **privilégier l'impression de continuité**. Prenons deux exemples révélateurs.

Après la scène du fiacre, il marque une pause entre le moment où Emma quitte Léon et celui où elle rentre à l'auberge, renforçant ainsi le sentiment de rupture occasionné par le passage à l'acte avec le trop timide clerc, attendu depuis le début de la deuxième partie[1]…

Au contraire, à la fin du roman, Flaubert choisit de privilégier un sentiment de continuité en racontant dans le même chapitre 8 l'ultime visite à Rodolphe, l'empoisonnement, l'interminable agonie, la consultation des deux médecins, l'extrême-onction et la mort. Cette absence de césure contribue à la dramatisation de l'épisode et permet aussi le mélange des genres, dramatique, pathétique ou satirique. Le procédé crée une sorte de gêne chez le lecteur qui se voit refuser, comme l'héroïne, le confort d'une belle mort, romantique et rapide[2].

La séparation entre les chapitres 8 et 9 n'en semble que plus radicale et définitive, c'est celle de la mort que soulignent la formule étrange et célèbre qui ferme le premier (« Elle n'existait plus. »), comme la maxime d'allure générale qui ouvre le second :

---

1. Cette rupture est encore soulignée par la manière dont l'héroïne est nommée : en III, 1 « une femme […] qui marchait le voile baissé, sans détourner la tête » et en III, 2 « Mme Bovary ». Dans le premier cas, Flaubert adopte un point de vue externe sur le personnage et c'est le lecteur, tout à la fois identifié à un passant rouennais et cependant plus à même de comprendre ce qu'il voit, qui identifie Emma et peut interpréter le fait qu'elle ne détourne pas la tête. À l'auberge, elle est redevenue l'épouse de son mari, la femme adultère.
2. Sur ce refus de la belle mort, voir *Écrire* Madame Bovary, dossier réalisé par Geneviève Winter, Gallimard, coll. folio plus classiques, 2009, p. 143-168 et 243-246.

« Il y a toujours, après la mort de quelqu'un, comme une stupéfaction qui se dégage ».

La description des paysages et des décors dans *Madame Bovary*

Le modèle balzacien

La parution de *Madame Bovary*, en 1856, suivit de quelques années la mort de Balzac (1850), considéré alors comme le romancier le plus important de sa génération. Aussi les critiques de l'époque n'hésitèrent-ils pas à comparer ce premier roman d'un auteur inconnu, aux romans de *La Comédie humaine*, d'autant que le sous-titre, donné par Flaubert « Mœurs de province » en rappelait l'une des divisions essentielles : « Étude de mœurs ».

Ce rapprochement, cependant, n'était pas dénué d'arrière-pensées. Il permettait aux contempteurs de *Madame Bovary*, de rabaisser l'auteur au rang de simple imitateur et donnait l'occasion, aux critiques les plus élogieux, de louer la maîtrise et l'originalité de son auteur. George Sand par exemple, écrivait, dans *Le Courrier de Paris*, du 8 juillet 1857 :

> *« Dès l'apparition de ce livre remarquable* [...] *on s'écria : "Voici un spécimen très frappant et très fort de l'école réaliste. Le réaliste existe donc et ceci est très neuf". Mais, en y réfléchissant, nous trouvâmes que c'était encore du Balzac (tant mieux assurément pour l'auteur), mais du Balzac expurgé de toute concession à la bienveillance romanesque, du Balzac âpre et contristé. »*

La remarque, partagée par la plupart des contemporains, n'avait pas dû plaire à Flaubert qui n'avait cessé, au moment où il écrivait son roman, de se démarquer de l'auteur de *La*

Comédie humaine à qui il reprochait notamment un manque de style[1]. Dans une lettre à Louise Colet (16 décembre 1852), il affirmait : « Quel homme eût été Balzac, s'il eût su écrire ! » Et, le 27 décembre, il ajoutait, à propos d'une scène du *Médecin de campagne*[2] :

> *« Ce sont mêmes détails, mêmes effets, même intention, à croire que j'ai copié, si ma page n'était infiniment mieux écrite, sans me vanter. »*

Barbey d'Aurevilly, dans un article consacré à *Madame Bovary*, qualifiait même Flaubert de « descripteur » ; et, de fait, ce qui retenait l'attention des contemporains, c'est la place prépondérante qu'occupent les descriptions dans son roman. Tous reconnaissaient ses qualités d'observateur et soulignaient l'importance des détails dans son œuvre, et plus particulièrement dans la peinture des paysages et des décors. Un critique, Philoxène Boyer, dans *La Voix des écoles* remarquait ainsi :

> *« Dans ces paysages d'une touche si ferme, d'un caractère si précis, d'une impression si pénétrante, chaque accident est mis à profit, chaque sensation est cristallisée dans le miroir d'une phrase claire.* […] *Le chêne au large tronc s'aperçoit de loin* […]*, approchez et au microscope vous pourrez étudier chaque feuille. »*

Comme Balzac, en effet, Flaubert s'applique, dans *Madame Bovary*, à noter les éléments apparemment les plus infimes d'un paysage ou d'un décor, sans considération morale et sans aucun tabou littéraire, pour donner au lecteur le sentiment qu'il est devant une représentation à la

---

1. Remarquons au passage qu'Emma, après le bal à la Vaubyessard, se met à lire les romans de Balzac et de George Sand ; et ce n'est pas forcément un hommage que leur rend Flaubert.
2. Balzac, *Le Médecin de campagne*, 1833.

fois fidèle et originale du monde réel, y compris dans ce qu'il peut avoir de bassement trivial. Dans des conseils prodigués à Maupassant, son fils spirituel, il en fait même un procédé d'écriture très balzacien :

> « *La moindre chose contient un peu d'inconnu. Trouvons-le. Pour décrire un feu qui flambe et un arbre dans une plaine, demeurons en face de ce feu et de cet arbre jusqu'à ce qu'ils ne ressemblent plus à aucun autre arbre et à aucun autre feu*[1]. »

On a souvent souligné tout ce que la description longue et détaillée d'Yonville, au début de la deuxième partie de *Madame Bovary*, devait à l'auteur de *La Comédie humaine*. Au début du *Père Goriot* (1835), par exemple, Balzac plante le décor, comme au théâtre, avec force détails, avant de mettre en scène ses personnages et de développer l'intrigue. On passe ainsi du quartier situé entre le Val-de-Grâce et le Panthéon, à la rue Neuve-Sainte-Geneviève, pour parvenir enfin à la pension Vauquer, au moment où la propriétaire, Madame Vauquer fait son entrée. Au cours de la description, le romancier n'hésite pas à intervenir en interpellant directement le lecteur : « Si vous le compariez à la salle à manger [...] vous trouveriez ce salon élégant », comme s'il le conviait à une exposition de peinture.

Flaubert procède de la même façon pour présenter Yonville, même s'il s'agit en l'occurrence d'un lieu imaginaire. Comme Balzac, en effet, il part d'une large vue panoramique (« au haut de la côte des Leux ») et de considérations historiques (« jusqu'en 1835 »), avant de décrire en détail le bourg lui-même, en une sorte de long travelling cinématographique. Après avoir longé les murs de quelques fermes, on passe ainsi devant la forge d'un maréchal-ferrant, puis devant la belle

1. Préface de *Pierre et Jean* (1888), sur le roman, Hatier, p. 21.

maison du notaire. On pénètre ensuite dans l'église dont le clocher est surmonté d'un « drapeau tricolore de fer-blanc » et qui est entourée d'un ancien cimetière « si bien rempli de tombeaux, que les vieilles pierres à ras du sol font un dallage continu » ; en sortant de l'église, on contourne les halles, et après la mairie, on s'arrête un temps devant la vitrine du pharmacien Homais qui fait face à l'auberge du *Lion d'or*, et l'on repart en direction du nouveau cimetière au bas de la côte Saint-Jean, avant de revenir à l'auberge où la propriétaire, Mme Lefrançois, attend impatiemment l'arrivée de la diligence dans laquelle se trouve le couple Bovary. Comme Balzac, Flaubert interpelle même le lecteur, une seule fois il est vrai, juste avant de le faire pénétrer dans le bourg :

> *« Au bas de la côte, après le pont, commence une chaussée plantée de jeunes trembles, qui vous mène en droite ligne jusqu'aux premières maisons du pays. »*

Une présentation originale

On peut noter, cependant, une première différence avec le modèle balzacien. La description d'Yonville, en effet, n'intervient pas au commencement de l'histoire même si elle se situe au début de la seconde partie de l'œuvre. Elle s'inscrit dans la continuité du récit, au moment où le couple Bovary déménage. Tout se passe comme si l'auteur nous invitait à précéder Emma et Charles afin de les accueillir avec madame Lefrançois.

En outre, cette longue description d'Yonville constitue une exception dans l'œuvre ; il n'en va pas de même, par exemple, pour le village de Tostes, dans la première partie du roman, ou pour la ville de Rouen, dans la dernière.

Discontinuité et subjectivité

En fait, **Flaubert décrit généralement les lieux (décors ou paysages), en s'effaçant, à partir du seul regard de ses personnages**, autrement dit d'une manière subjective, et les détails qu'il retient, les éléments qu'il mentionne, sont ceux qu'ils ont remarqués.

Ainsi, on découvre la ferme des Bertaux (I, 2), à travers le regard de Charles Bovary venu y soigner le propriétaire M. Rouault. La description alterne alors avec la narration dans laquelle elle s'imbrique, selon un procédé que la littérature réaliste ne cessera d'utiliser par la suite :

> « *Quand il entra dans les Bertaux, son cheval eut peur et fit un grand écart. C'était une ferme de bonne apparence. On voyait dans les écuries* [...] *de gros chevaux de labour qui mangeaient tranquillement dans des râteliers neufs. Le long de bâtiments s'étendait un large fumier.* [...] *Une jeune femme en robe de mérinos* [...] *vint sur le seuil de la maison pour recevoir M. Bovary qu'elle fit entrer dans la cuisine* [...]. *Des vêtements humides séchaient dans l'intérieur de la cheminée. La pelle, les pincettes et le bec du soufflet, tous de proportion colossale, brillaient comme de l'acier poli* ».

De même, on découvre la ville de Rouen (III, 5), en même temps qu'Emma, et on suit le trajet de la diligence à partir du moment où l'*Hirondelle* arrive sur les hauteurs de la ville jusqu'à l'arrêt, au cœur de la cité normande.

Aux longues descriptions qui constituent de véritables tableaux dans les romans balzaciens, **Flaubert substitue donc, dans *Madame Bovary*, des éléments descriptifs, brefs en général**, qui suspendent un temps la narration ; d'où cette impression à la fois de discontinuité et d'immobilité que remarque Gérard Genette, dans le chapitre de *Figures I* intitulé « Les silences de Flaubert[1] » :

> *« Cet effet d'immobilisation est peut-être plus sensible dans une œuvre comme* Madame Bovary, *où une tension dramatique pourtant très puissante est contrariée par des points d'orgue descriptifs d'une admirable gratuité. »*

Peut-on parler cependant de description gratuite, lorsque le romancier nous fait suivre, à travers un décor ou un paysage, les mouvements, les sentiments, les pensées, la situation d'un personnage ?

Yonville, par exemple, après la longue description initiale, est évoqué à trois reprises dans le roman. D'abord au moment où Emma est sur le point de céder aux avances de Rodolphe ; de la hauteur où ils se trouvent, elle jette un regard sur le bourg qu'elle distingue à peine, comme pour s'en détacher (II, 9) :

> *« On apercevait au loin les toits d'Yonville, avec les jardins au bord de l'eau, les murs et le clocher de l'église. Emma fermait à demi les paupières pour reconnaître sa maison et jamais ce pauvre village où elle vivait ne lui avait semblé si petit. »*

Le bourg réapparaît une seconde fois (III, 4), sous le regard d'un Léon, dominateur et sûr de lui, qui revient de Rouen pour rejoindre Emma, devenue sa maîtresse :

> *« Lorsque, du haut de la côte, il aperçut dans la vallée le clocher de l'église, avec son drapeau de fer-blanc qui tournait au vent, il sentit cette délectation mêlée de vanité triomphante et d'attendrissement égoïste que doivent avoir des millionnaires quand ils reviennent visiter leur village. »*

1. G. Genette, *Figures I*, Éd. Points Seuil, p. 234.

Une ultime mention est faite à la fin du roman (III, 10), quand le père Rouault, désespéré, décide de retourner chez lui après l'enterrement de sa fille :

> « *Quand il fut au haut de la côte, il se détourna* [...]. *Les fenêtres du village étaient tout en feu sous les rayons obliques du soleil qui se couchait dans la prairie. Il mit sa main devant ses yeux, et il aperçut, à l'horizon un enclos de murs où des arbres, çà et là, faisaient des bouquets noirs entre des pierres blanches.* »

Cette triple vision surplombante du petit bourg, par trois personnages dans un état d'esprit à chaque fois différent, reprend, en fait, l'ordre et certains éléments ou détails de la description initiale : les cours, les murs, la maison des Bovary, l'église avec son drapeau, le cimetière enfin. Elle offre, en outre, une sorte de résumé de l'histoire d'Emma : de l'arrivée à Yonville jusqu'à son enterrement. Loin d'être gratuites ou de constituer de simples tableaux, au sens théâtral du terme, **les descriptions de paysages ou de décors sont inséparables des actions dans lesquelles elles s'insèrent**.

L'osmose

La vision subjective des différents lieux, dans *Madame Bovary*, tend, en effet, à établir **un lien entre les êtres et le monde inanimé**[1]. Tout se passe comme si les éléments décrits participaient activement à la vie des personnages, notamment aux moments décisifs de leur existence.

Ainsi, par exemple, la nature semble-t-elle s'accorder avec le sentiment de déréliction* qu'éprouve Emma au moment où elle cherche désespérément une aide financière (III, 7) : « Tout, en elle-même et au dehors, l'abandonnait. »

1. Ce qui, par parenthèse, n'est pas étranger à la vision d'Emma, imprégnée de ses lectures romantiques.

Ce « dehors », ce n'est pas seulement les bourgeois d'Yonville, c'est aussi le « ciel sombre » et la « neige » qui tombe lorsqu'elle arrive chez maître Guillemin, et « l'horizon vide » qu'elle perçoit, « d'un œil en pleurs », quand elle sort de chez lui. C'est encore l'accueil menaçant, traduit par les allitérations* des consonnes sourdes ([S], [F], [T], [CH]), que lui réservent les « tilleuls touffus » du château de la Huchette, qui « balançaient, en sifflant, leurs longues branches » et « les chiens du chenil » qui se mettent tous à aboyer (III, 8) ; ou bien « les tas de feuilles mortes que le vent [disperse] » et qui la font trébucher, quand elle quitte le domaine de son ancien amant.

Mais, paradoxalement, **l'inertie des choses apparaît quelquefois comme un moyen de souligner l'état d'esprit des personnages, leur façon d'être et d'agir**, à des moments capitaux de leur vie. Emma, en proie au doute sur ses sentiments pour Léon, interroge ainsi le monde qui l'entoure (II, 5) :

> *« Les meubles à leur place semblaient devenus plus immobiles et se perdre dans l'ombre comme dans un océan ténébreux. La cheminée était éteinte, la pendule battait toujours, et Emma vaguement s'ébahissait à ce calme des choses, tandis qu'il y avait en elle-même tant de bouleversements. »*

Et la nature paraît retenir son souffle et se figer dans l'attente des événements qu'on devine capitaux lorsqu'elle est sur le point de s'abandonner à Rodolphe : « Les feuilles ne remuaient pas [...]. Des nénuphars flétris se tenaient immobiles entre les joncs » (II, 9), ou bien quand elle lit, dans le grenier, la lettre de rupture de son amant et qu'elle a la tentation du suicide : « Les girouettes des maisons se tenaient immobiles » (II, 13).

Mais, le plus souvent, **les éléments des décors ou des paysages semblent animés, ou plutôt s'animer d'une vie secrète**, comme dans l'extrait suivant où Flaubert file une métaphore* picturale (II, 5) :

> *« Par les barreaux de la tonnelle et au delà tout alentour, on voyait la rivière dans la prairie, où elle dessinait sur l'herbe des sinuosités vagabondes. La vapeur du soir passait entre les peupliers sans feuilles, estompant leurs contours d'une teinte violette ».*

Les objets des décors deviennent alors fréquemment les sujets de verbes d'action :

> *« Le jour tombait ; les petits rideaux de mousseline, le long des vitres, épaississaient le crépuscule, et la dorure du baromètre, sur qui frappait un rayon de soleil, étalait des feux dans la glace, entre les découpures du polypier. » (II, 9)*

Il arrive même qu'ils soient personnifiés et qu'ils prennent une dimension symbolique. Ainsi, la détérioration progressive du curé de plâtre, qui trône au fond du jardin de Tostes, figure-t-elle, en quelque sorte, la fin des illusions de jeune fille pour Emma :

> *« Le curé en tricorne qui lisait son bréviaire avait perdu le pied droit et même le plâtre, s'écaillant à la gelée, avait fait des gales blanches sur sa figure. » (I, 9)*

Si bien que, quand il disparaît, « écrasé en mille morceaux » lors du déménagement à Yonville, c'est la ruine du couple qui est symboliquement annoncée.

Plus généralement, et par une sorte de vision panthéiste*, **le romancier prête souvent au monde inanimé une volonté propre**[1] que souligne alors la fréquence des formes

---

1. Procédé très romantique, illustré par le célèbre vers de Lamartine : « Objets inanimés, avez-vous donc une âme ? »

pronominales. C'est le cas, par exemple, quand Rodolphe et Emma, assis sous la tonnelle du jardin, semblent se fondre dans les éléments du décor qui les protègent (II, 10) :

> « *Ils entendaient* [...] *de temps à autre, sur la berge, le claquement des roseaux secs. Des massifs d'ombre, çà et là, se bombaient dans l'obscurité, et parfois, frissonnant tous d'un seul mouvement, ils se dressaient et se penchaient comme d'immenses vagues noires qui se fussent avancées pour les recouvrir.* »

On ne sait en effet à quoi renvoie le pronom « les », et donc si les massifs recouvrent les amants ou les roseaux secs.

De même, l'attente d'Emma, dans la cathédrale, donne à Léon l'occasion d'imaginer une participation active, au demeurant très profane, de l'édifice religieux (III, 1) :

> « *L'église, comme un boudoir gigantesque, se disposait autour d'elle ; les voûtes s'inclinaient pour recueillir dans l'ombre la confession de son amour.* »

Et quand Emma va rejoindre Rodolphe en son château, elle aussi croit trouver un soutien et une approbation dans les éléments qui l'entourent (II, 9) :

> « *Après la cour de ferme, il y avait un corps de logis qui devait être le château. Elle y entra, comme si les murs, à son approche, se fussent écartés d'eux-mêmes.* »

Les décors et les paysages comme représentation

Les paysages ou les décors, perçus de façon subjective dans *Madame Bovary*, ne servent pas seulement de cadre actif pour la narration ; ils sont également un moyen, pour le romancier, de peindre différents milieux de la Normandie de l'époque, comme l'indique le sous-titre *Mœurs de province*, et de révéler ou de confirmer certains traits de caractère des personnages.

Les milieux

La peinture précise du monde contemporain, en l'occurrence de la première moitié du XIXe siècle, inscrit le roman dans le prolongement des romans balzaciens et correspond à **l'un des aspects fondamentaux de la littérature réaliste** qui s'attache à mettre en scène des personnages représentatifs de leurs milieux que le lecteur peut facilement identifier et reconnaître. Mais Flaubert ne prétend pas, comme l'auteur de *La Comédie humaine*, faire concurrence à l'état-civil. Dans *Madame Bovary*, il se limite essentiellement à la représentation d'un microcosme rural (Tostes et Yonville), sans rapport, ou presque, avec l'essor commercial et industriel que connaît alors la France.

Certes, Homais propose au couple Bovary de visiter une filature (II, 5) ; et Emma, en arrivant à Rouen, ne peut s'empêcher de voir « les cheminées des usines » poussant « d'immenses panaches bruns » ou d'entendre « le ronflement des fonderies » (III, 5). **Mais ce monde industriel est comme escamoté par l'auteur**. La filature, par exemple, est encore en chantier :

> *« Rien pourtant n'était moins curieux que cette curiosité. Un grand espace de terrain vide, où se trouvaient pêle-mêle, entre des tas de sable et de cailloux, quelques roues d'engrenage déjà rouillées ».*

Quant aux usines de Rouen, elles apparaissent comme des éléments perturbateurs : « le ronflement des fonderies » s'oppose ainsi au « carillon clair des églises » et les deux amants prennent l'habitude de se réfugier dans un « petit endroit », à l'écart de la ville pour ne plus entendre « le bruit du maillet des calfats contre la coque des vaisseaux[1] », ne plus sentir « la fumée du goudron », ne plus voir « les larges gouttes grasses sur la rivière ». Aussi ne découvre-t-on de Rouen que les lieux qu'Emma et Léon fréquentent ou parcourent, autrement dit les rues, les chambres d'hôtel, l'Opéra et la Cathédrale. **Aucun logis d'employé ou d'ouvrier n'est décrit.**

Pourtant la pauvreté n'est pas ignorée par l'auteur ; mais c'est une pauvreté rurale. Elle saute aux yeux d'Emma et de Léon, lorsqu'ils rendent visite à Mme Rolet, la nourrice de Berthe. La maison se signale, en effet, dès l'abord, par une indigence sordide, avec des « guenilles indistinctes » qui sèchent près d'une « eau sale » ; et l'intérieur ne vaut guère mieux puisqu'il ne comprend qu'une seule chambre, avec un « large lit sans rideaux », dans laquelle un grand pétrin occupe le côté d'une fenêtre dont une vitre est « raccommodée avec un soleil de papier bleu » (II, 3). Ce monde étriqué, désordonné, ne paraît cependant pas condamné par l'auteur puisqu'il réserve son ironie à l'attitude inconvenante d'Emma au moment où, abandonnant là son enfant couché à même le sol, elle essuie « ses pieds sur le seuil » en sortant.

On peut comprendre néanmoins l'étonnement voire le dégoût de Mme Bovary qui a été élevée dans la ferme paternelle « de bonne apparence ». De fait, **le domaine des Bertaux a tout pour impressionner un visiteur** comme Charles Bovary quand il s'y rend pour la première fois (I, 2). L'emploi constant de termes superlatifs pour qualifier les éléments du décor (« gros chevaux », « large fumier », « grange haute », « grandes charrettes », « haute armoire », « grand lit à baldaquins », ustensiles pour la cheminée « tous de dimension colossale »), les couverts et les timbales

1. On remarquera, au passage, les allitérations*, respectivement en [F] et en [K] dans les expressions « ronflement des fonderies » et « des calfats contre la coque », assez désagréables à l'oreille.

d'argent, tout donne, en effet, une impression d'opulence que confirment d'ailleurs, comme un contrepoint au pétrin des Rolet, ces sacs de blé qu'on a entreposés dans une salle du rez-de-chaussée, le grenier étant plein.

Avec **la belle demeure du notaire Guillaumin,** on franchit un degré dans l'aisance affichée, et l'on pénètre, avec Emma, dans **le milieu cossu de la bourgeoisie provinciale**. Tout y respire le confort et le luxe ostentatoire : « un large poêle de porcelaine », une « tenture en papier de chêne », « deux gravures (la *Esméralda* et la *Putiphar*), deux réchauds d'argent sur la table », « un bouton de porte en cristal » (III, 7). Au moment où elle est menacée de saisie, la jeune femme ne peut d'ailleurs pas s'empêcher d'avoir cette réflexion : « Voilà une salle à manger [...] comme il m'en faudrait une » ; une réflexion qu'on peut comprendre quand on se rappelle qu'elle trouve sa maison « trop étroite » (II, 5).

Du reste l'auteur n'en fait jamais une description complète ; tout juste mentionne-t-il, dans la chambre d'Emma, quelques meubles, un fauteuil, une pendule et une table à ouvrage, (II, 6), et dans la salle du rez-de-chaussée, « longue pièce à plafond bas », une cheminée surmontée d'une glace, un baromètre et un polypier touffu (II, 4), comme pour souligner la modestie des lieux.

Aussi, quand, en désespoir de cause, elle se rend **chez Rodolphe**, et qu'il refuse de l'aider, détaille-t-elle avec fureur les objets et le mobilier que son ancien amant, en une sorte de **prétention bourgeoise à la noblesse**, a accumulés dans son château de la Huchette : une crosse de fusil argentée, une pendule avec des incrustations d'écaille, une horloge de Boulle, des sifflets de vermeil, un porte-liqueurs dans la chambre (III, 8).

En fait, c'est chez le marquis d'Andervilliers, à **la Vaubyessard** (I, 8), qu'Emma a vu le monde dont elle rêvait. **Le domaine, en vérité, a tout pour séduire le visiteur** ; ainsi après avoir traversé « une immense pelouse » avec « de grands arbres espacés », doit-il emprunter un chemin sablé pour parvenir jusqu'au perron et entrer dans un vestibule pavé de marbre, « très haut », où « le bruit des pas avec celui des voix [retentit] comme dans une église ». Dans le salon de billard, trônent les portraits des illustres ancêtres et dans la salle à manger, au-dessus d'un « grand poêle de porcelaine », une « statue de femme drapée jusqu'au menton » semble contempler les convives.

On est loin, on le voit de la statue du curé de plâtre, au fond du petit jardin de Tostes, de la tête de Minerve qu'elle avait dédiée à son père ou de ses deux dessins que son mari a fait encadrer ; plus loin encore de cette « superfluité », à la fois ridicule et pathétique, dans la chaumière des Rolet : « une Renommée soufflant dans des trompettes, image découpée sans doute à même quelque prospectus de parfumerie, grossièrement plantée à l'aide de six pointes au mur ».

Ainsi Flaubert dresse-t-il **un tableau complet et d'une vérité étonnante de cette petite communauté provinciale**, sous le règne de Louis Philippe, en soulignant, les oppositions entre les divers milieux qui la composent et que les paysages et les décors révèlent jusque dans les moindres détails.

Les caractères

Mais **ils dévoilent également les sentiments ou les pensées de ses personnages**, et plus généralement certains traits de leurs caractères.

Ainsi la maison de Tostes que découvre Emma après son mariage (I, 5) est à l'image d'Héloïse Dubuc, la première femme de Charles Bovary, laide, maigre, mesquine, désolée et sans grande fantaisie. Dès l'entrée, on remarque « une paire de houseaux encore couverts de boue sèche » et l'ancienne écurie, à l'autre extrémité de la maison, laissée à l'abandon, est encombrée de « vieilles ferrailles, de tonneaux vides [...] avec quantité d'autres choses poussiéreuses ». Dans le jardin, des « églantiers maigres » encadrent le « carré plus utile des végétations sérieuses ». Et l'intérieur ne vaut guère mieux : d'un côté une salle dont le papier tremble « tout entier sur sa toile mal tendue » ; de l'autre, le cabinet de Charles, « petite pièce de six pas environ », aux murs si peu épais qu'on entend les malades tousser et « débiter leur histoire », ce qui entretient bien évidemment la jalousie d'Héloïse.

La pharmacie d'Yonville, à l'inverse, témoigne de l'ambition démesurée de son propriétaire. Elle est dans le bourg « ce qui attire le plus les yeux ». L'enseigne « qui tient toute la largeur de la boutique, porte en lettres d'or : *Homais, pharmacien* ». Mais ce qu'il appelle son capharnaüm, ce « sanctuaire » isolé, situé sous les toits, où « personne ne met les pieds », dévoile une autre facette de sa personnalité :

> *« Si la pharmacie, ouverte à tout venant, était l'endroit où il étalait son orgueil, le capharnaüm était le repère où, se concentrant égoïstement, Homais se délectait dans l'exercice de ses prédilections. » (III, 2)*

À travers cette opposition entre l'extérieur et l'intérieur d'un décor ou d'un lieu, **c'est, plus généralement, toute l'hypocrisie des bourgeois d'Yonville qui est démasquée** et fustigée par Flaubert dans son roman.

Derrière les façades respectables et le luxe parfois ostentatoire de l'intérieur des maisons, se dissimulent, en effet, l'ambition, l'égoïsme, le vice, la cupidité, le vide des sentiments. Et ce n'est pas un hasard si, la plus belle demeure du village, devant laquelle trône sur un rond de gazon un « Amour, le doigt posé sur la bouche », appartient à Maître Guillaumin, dont on découvrira à la fin du roman qu'il est aussi libidineux qu'intéressé.

Mais si la description du décor traduit le caractère du personnage, **l'absence de description peut être tout autant significative**. On ignore tout, par exemple, de la maison de Lheureux, comme s'il surgissait de nulle part, quand il arrive à l'improviste chez les Bovary ; de même, la maison de Binet n'est jamais détaillée comme pour mettre en évidence la part de mystère et de d'inconsistance du personnage. Quand Emma vient lui demander de l'aider, on ne le voit, en effet, que de l'extérieur, à partir du regard de la mère Tuvache et de Mme Caron, occupé, sur son tour, dans le « clair-obscur » de son atelier, à l'une de ces « difficultés faciles », pour reprendre l'oxymore* ironique employée par Flaubert, et impatient de mener à bien une « réalisation au-delà de laquelle il n'y a pas à rêver » (III, 7).

Cette médiocrité et cette vacuité de la vie à Yonville, contre lesquelles se bat madame Bovary, a d'ailleurs des équivalents dans les paysages alentour. À plusieurs reprises, Flaubert insiste sur le vide du ciel, de la route ou de la campagne normande, lorsqu'Emma, en compagnie de Léon, par exemple, revient de chez la mère Rolet (II, 3),

> *« Le soleil traversait d'un rayon les petits globules bleus des ondes qui se succédaient en se crevant ; les vieux saules ébranchés miraient dans l'eau leur écorce grise ; au-delà, tout alentour, la prairie semblait vide »,*

ou encore, au moment où elle lit, dans son grenier la lettre de rupture de Rodolphe (II, 12) :

« En face, par-dessus les toits, la pleine campagne s'étalait à perte de vue. En bas, sous elle, la place du village était vide. »

La fenêtre, à cet égard, joue un rôle fondamental dans le roman, parce qu'elle établit une corrélation entre l'intérieur et l'extérieur, entre le néant passionnel du personnage et le vide du paysage, entre la médiocrité de son état et l'aspiration à quelque chose d'autre. C'est notamment le cas au moment où Léon part pour Paris et laisse Emma anéantie (II, 5) :

« Madame Bovary avait ouvert sa fenêtre sur le jardin, et elle regardait les nuages. Ils s'amoncelaient au couchant, et roulaient vite leurs volutes noires, d'où dépassaient par derrière les grandes lignes du soleil, […] *tandis que le reste du ciel vide avait la blancheur d'une porcelaine. »*

Car la fenêtre comme le remarque J. Rousset[1], est « un poste privilégié pour ces personnages flaubertiens à la fois immobiles et portés à la dérive, englués dans leur inertie et livrés au vagabondage de leur pensée » ; elle unit, ajoute-t-il, « la clôture dans la chambre et l'expansion au dehors, l'illimité dans le circonscrit ».

Emma, en effet, ne cesse de vouloir fuir la réalité médiocre et décevante qu'elle a sous les yeux pour se réfugier dans la fiction d'un monde idéal, issu de ses lectures, auquel elle semble croire. Tel est l'un des traits essentiels de son caractère qui se révèle tout particulièrement dans les paysages qu'elle imagine.

Un monde rêvé

C'est dans ses moments d'ennui, de désillusion ou au contraire d'exaltation amoureuse qu'**Emma, en effet, se plaît à imaginer un ailleurs constitué de la plupart des**

1. Jean Rousset, *Forme et signification*, librairie José Corti, 1963, p. 123.

stéréotypes romantiques ; on y trouve, pêle-mêle, les routes escarpées dans les montagnes, les cascades, les lacs de la Suisse ou de l'Écosse des romans de Walter Scott[1], les rues, les théâtres et les magasins de Paris qu'elle tente de retrouver dans les romans de Balzac ou d'Eugène Sue ou dans les plans de la capitale qu'elle achète, mais aussi les golfes, les forêts de citronniers, les cités, les dômes, les cathédrales de marbre blanc qui évoquent l'Italie et plus particulièrement Venise avec la référence inévitable aux gondoles.

Cette rêverie d'un ailleurs prestigieux ou exotique a **un caractère si discontinu, si hétéroclite qu'il témoigne paradoxalement du manque d'imagination d'Emma** et préfigure même la fin de ses illusions. On peut noter à cet égard une évolution au cours du roman. Le premier rêve d'évasion d'Emma, au moment de son installation à Tostes, est ainsi décrit au présent, comme si elle avait sous les yeux le paysage qu'elle imagine à la manière d'une représentation théâtrale (I, 7) :

> « *Il eût fallu, sans doute, s'en aller vers ces pays à noms sonores* [...]. *Dans des chaises de poste, sous des stores de soie bleue, on monte au pas des routes escarpées, écoutant la chanson du postillon* [...]. *Quand le soleil se couche, on respire au bord des golfes le parfum des citronniers* ».

Mais, par la suite, les paysages et les décors sont systématiquement évoqués à l'imparfait et au conditionnel, comme s'ils appartenaient déjà à un passé révolu ou relevaient d'un futur très hypothétique ou proprement inimaginable. L'une des dernières rêveries d'Emma, notamment, en dépit (ou à cause) de la précision des lieux successivement évoqués, se conclut sur une incapacité douloureuse à prolonger le rêve.

1. Poète et romancier écossais, né en 1771 et mort en 1832, il est l'un des plus importants écrivains romantiques de son pays.

Le détour par le conditionnel n'a fait que la ramener au vide de son existence présente. La scène se situe au moment où, allongée près de Charles, elle envisage de partir avec Rodolphe (II, 12) :

> « *Au galop de quatre chevaux, elle était emportée depuis huit jours vers un pays nouveau* [...] *Souvent, du haut d'une montagne, ils apercevaient tout à coup quelque cité splendide, avec des dômes, des ponts, des navires* [...] *Et puis ils arrivaient, un soir, dans un village de pêcheurs, où des filets bruns séchaient au vent, le long de la falaise et des cabanes. C'est là qu'ils s'arrêteraient pour vivre : ils habiteraient une maison basse à toit plat* [...]. *Cependant, sur l'immensité de cet avenir qu'elle se faisait apparaître, rien de particulier ne surgissait.* »

De la même manière, en écrivant à Léon, elle tente de se le représenter, dans un décor romanesque réduit à quelques stéréotypes, « sans pouvoir néanmoins le nettement imaginer », (III, 6) :

> « *Il habitait la contrée bleuâtre où les échelles de soie se balancent à des balcons, sous le souffle des fleurs, dans la clarté de la lune.* »

La pauvreté de l'imaginaire d'Emma, que traduit la brièveté de la description, **est compensée** ici, comme souvent dans le roman, **par le style de l'auteur qui se substitue à son personnage pour offrir une dimension poétique à sa rêverie**. Ainsi le rythme régulier de la phrase souligné par le verbe « balancer », la répétition de la syllabe « bal » (avec le mot « balcons »), les allitérations* en [S], [F], [L], les assonances* en [OU], l'emploi métaphorique* du verbe « souffler », tout, en effet, concourt à donner une impression d'harmonie à la fois sonore, visuelle voire olfactive, bien en rapport avec la sensualité d'Emma. L'expression lapidaire

« sous le souffle des fleurs », véritable hexasyllabe*, évoque non seulement le bruit du vent mais également les parfums diffusés par les fleurs.

Mais **ne s'agit-il pas d'une volonté parodique** de la part de Flaubert ? Ce style poétique traduit aussi, sans doute ironiquement, à la fois les limites du personnage et le caractère superficiel de ses aspirations romantiques.

Du reste, à maintes reprises, Flaubert développe des comparaisons avec des paysages ou des décors qui forment un véritable contrepoint avec ceux dont rêve Emma, comme pour pallier son imagination défaillante, ou à tout le moins, la prolonger et la préciser. Par exemple, lorsqu'elle revient avec Léon de la chaumière de Mme Rolet, l'auteur évoque un paysage tropical, dans un ailleurs indéfini, qui n'est pas sans rappeler la sensualité des paysages exotiques de *Paul et Virginie* (1788), le roman de Bernardin de Saint-Pierre, qu'Emma a lu dans sa jeunesse :

> *« Les bonheurs futurs, comme les rivages des tropiques projettent sur l'immensité qui les précède leurs mollesses natales, une brise parfumée, et l'on s'assoupit dans cet enivrement, sans même s'inquiéter de l'horizon que l'on n'aperçoit pas. » (I, 3)*

Au contraire, après le départ de Léon, Flaubert compare le désespoir d'Emma à l'atmosphère romantique d'un château en ruine, comme on en trouve dans les romans historiques de Walter Scott :

> *« Le lendemain fut, pour Emma, une journée funèbre.* […] *et le chagrin s'engouffrait dans son âme avec des hurlements doux, comme fait le vent d'hiver dans les châteaux abandonnés. C'était cette rêverie que l'on a sur ce qui ne reviendra pas, la lassitude qui vous prend après chaque fait accompli. » (I, 7)*

Dans ces exemples, on voit à quel point la rêverie d'Emma, se heurte à une double impossibilité : se figurer un bonheur futur durable et revivre un passé révolu. ***Madame Bovary* est le roman de la dégradation inéluctable des êtres et des choses**, de la perspective ultime du néant qu'illustrent les thèmes récurrents de la poussière, des cendres et de la pourriture. Les paysages et les décors imaginés, par leur insuffisance même, leur inanité, sont les révélateurs d'**un désespoir existentiel qui n'a d'autre issue que la mort**. Mais ils témoignent également du rapport ambigu que Flaubert entretient avec son héroïne.

Le temps

L'étude d'un récit, d'un roman, inclut bien sûr celle de sa temporalité mais, dans le cas de *Madame Bovary*, cette approche se révèle sans doute encore plus capitale. **Le temps** en effet ne s'y présente pas seulement comme le cadre d'une action, conçu en fonction de celle-ci, mais davantage comme **le sujet même du livre**.

Temps de l'histoire

Même si les **dates** se révèlent **extrêmement rares** dans *Madame Bovary*, il est possible de reconstituer la chronologie de l'action[1].

1. On pourra se reporter au site *flaubert.univ-rouen.fr/bovary/atelier_lycee/dates1* qui propose des activités ludiques pour retrouver les dates de l'histoire. Pour la chronologie, on peut également consulter sur internet un tableau synoptique extrêmement clair et commode (*flaubert.univ-rouen.fr/bovary/bovary_6/etudes/dates*). Signalons aussi une thèse déjà ancienne d'Élise Hockman, *Le temps et la durée dans Madame Bovary*, université Mac Gill de Montréal, 1967 (*digitool.library.mcgill*).

Charles, naissant en 1812 ou 1813, a quinze ans à son entrée au collège où il passe trois ans avant ses cinq années d'études médicales. Diplômé en 1835, il doit se marier vers 1836. Sa **première rencontre avec Emma**, à la Fête des Rois, remonte à **janvier 1837**. Après la mort de sa femme au printemps, il retourne aux Bertaux l'été et demande la main d'Emma à la Saint Michel, soit le 29 septembre. Le mariage a lieu le printemps suivant. En septembre 1838, les deux époux sont invités au bal de la Vaubyessard, puis **vont s'installer à Yonville en mars 1841**. Berthe devrait naître en mai ou juin 1841 et sa mère lui rend visite chez la nourrice en compagnie de Rodolphe six semaines après, durant l'été. La visite du chantier de la nouvelle filature de lin a lieu « un dimanche de février » et, probablement, d'après un brouillon qui mentionne l'affaire Pritchard, en 1842.

C'est au printemps que Léon s'en va. Fin juin, Emma fait la connaissance de Rodolphe qu'elle revoit en **juillet ou août 1843 aux comices**, puis en octobre pour leur première promenade à cheval. Après sa tentative de se rapprocher de Charles par l'opération d'Hippolyte en avril 1843, elle renoue avec Rodolphe avec qui elle projette de s'enfuir le lundi 4 septembre. Après la rupture et sa maladie, sa convalescence s'achève au printemps 1844 et sa belle-mère leur rend visite pour Pâques. C'est par « un beau matin d'été » que les Bovary se rendent à Rouen pour assister à l'opéra.

La liaison avec Léon dure l'hiver 44-45 comme le signalent les mentions du froid, de la neige, du poêle et le dernier billet arrive à échéances en juin 1845. Le bal masqué de Rouen intervient à la mi-carême (jeudi 19 mars 1846). Le procès-verbal de saisie tombe le samedi et, après ses démarches infructueuses le dimanche à Rouen auprès des banquiers et le lundi à Yonville chez Guillaumin, Binet et Rodolphe, **Emma** s'empoisonne, meurt **le mardi 2 mars 1846**, est enterrée le jeudi. On peut placer la mort de Charles en août 1847 et en 1848 celle de Madame Bovary mère comme la paralysie du père Rouault. Enfin, **Homais recevrait sa croix en 1856** si, à la dernière phrase du roman, le temps de l'histoire rejoint effectivement le temps de l'achèvement du récit par un narrateur identifié à Flaubert.

Entre deux mortes…

Au terme d'un petit jeu de piste, on peut donc retrouver la date précise du départ projeté d'Emma avec Rodolphe et celle de son départ définitif, sa mort. Or, ces deux dates se révèlent tout à fait remarquables, directement ou indirectement, pour Flaubert. Il fait en effet mourir son héroïne le jour même du décès de sa sœur chérie, Caroline, le mardi 22 mars 1846, deux mois après son accouchement[1]. Quant à la date du 4 septembre 1843, elle est celle de la noyade de la fille d'Hugo, Léopoldine. Ce double hommage restera pourtant caché comme les grandes douleurs, muettes.

Temps subjectif : la durée vécue

Cependant, toute la reconstitution repose sur une seule date sûre. Les conditionnels qui émaillent la restitution de la chronologie, ainsi que les quelques exemples que nous avons donnés du petit travail d'enquête auquel son établissement doit donner lieu, montrent que, **à la différence d'autres auteurs réputés « réalistes »**, tels Stendhal ou Balzac, **Flaubert semble s'être attaché d'assez loin à la chronologie exacte**

1. Flaubert en a aussi laissé un indice dans les comptes de Lheureux : « Puis, remontant la page avec son doigt : – Voyons…, voyons… Le 3 août, deux cents francs… Au 17 juin, cent cinquante… 23 mars, quarante-six… En avril… Il s'arrêta, comme craignant de faire quelque sottise. »

des faits. À vrai dire, ce travail pourra se révéler en définitive vain ou plutôt même aller contre le projet de Flaubert. Si les dates en effet font défaut dans le roman (même si l'on peut imaginer que l'auteur avait, lui, en tête, une certaine chronologie de son action), c'est qu'il s'est appliqué à faire disparaître les repères temporels trop directement empruntés au temps calendaire et officiel[1]. On a aussi pu relever ici et là différentes imprécisions, erreurs ou notations illogiques dans le roman[2]. Cela tient sans doute à la façon de rédiger par grandes scènes, blocs temporels, « grandes esquisses d'ensemble successives », qui contribuent à brouiller pour l'auteur les repères de la stricte chronologie ; cela tient surtout au fait que **le temps dans *Madame Bovary* est d'abord un temps subjectif**, et avant tout **celui de la perception d'Emma** qui s'apparente à ce que Bergson analyse dans son *Essai sur les données immédiates de la conscience* sous le nom de « durée toute pure », ou « forme que prend la succession de nos états de conscience quand notre moi se laisse vivre, quand il s'abstient d'établir une séparation entre l'état présent et les états antérieurs[3] ». Il s'agit d'un temps présenté comme écoulement dont les moments s'interpénètrent et entrent en résonance à la manière des notes d'une mélodie et non du modèle spatial de la ligne ou frise chronologique.

---

1. Pour les motivations de ce choix concernant la relation de Flaubert à la politique et à l'Histoire, voir « le cadre historique » p. 18 à 27.
2. On en relève pour certaines saisons inadaptées, certains mois qui rendent impossible la succession d'événements telle qu'elle est présentée, certaines durées aussi, vraisemblablement dilatées comme celle des rendez-vous à Rouen. Voir à ce sujet Claudine Gothot-Mersch, *La Genèse de* Madame Bovary, Corti, 1966, p. 221-222 ou l'étude d'Élise Hockman, par exemple sur les horaires de l'Hirondelle (*op. cit.* p. 46 *sq.*).
3. Flammarion, 2013, p. 125.

Les indications temporelles

Le roman donne souvent cette impression par le vague des indications temporelles. L'usage systématique de l'imparfait en particulier contribue largement à cette impression de temps suspendu. Proust fut un des premiers à remarquablement analyser l'usage si particulier des temps chez Flaubert[1] :

> « *Cet éternel imparfait* [...], *composé en partie des paroles des personnages que Flaubert rapporte habituellement en style indirect pour qu'elles se confondent avec le reste* [...] *si nouveau dans la littérature, change entièrement l'aspect des choses et des êtres, comme font une lampe qu'on a déplacée, l'arrivée dans une maison nouvelle, l'ancienne si elle est presque vide et qu'on est en plein déménagement. C'est ce genre de tristesse, fait de la rupture des habitudes et de l'irréalité du décor, que donne le style de Flaubert, ce style si nouveau quand ce ne serait que par là. Parfois le parfait interrompt l'imparfait, mais devient alors comme lui quelque chose d'indéfini qui le prolonge : « Il voyagea, il connut la mélancolie des paquebots »* [...] *Quelquefois même, dans le plan incliné et tout en demi-teinte des imparfaits, le présent de l'indicatif opère un redressement, met un furtif éclairage de plein jour qui distingue des choses qui passent une réalité plus durable*[2]. »

Le participe présent joue également un rôle analogue. Il convient de lui ajouter les différentes marques temporelles qui, par leur **imprécision systématique**, créent une temporalité particulière[3] : articles indéfinis, adverbes à valeur

1. « À propos du style de Flaubert », NRF, 1er janvier 1920. Il faut aussi rappeler son remarquable pastiche.
2. Voir à ce sujet l'analyse de ces brusques passages au présent proposée par Gérard Genette, « Silences de Flaubert », *Figures I*, Points Seuil, 1966, p. 238-239.
3. Voir à ce sujet Paul Ricœur, *Temps et récit*, tome 2 « La configuration dans le récit de fiction », Points Seuil, collection Essais, 1984, p. 134-135.

fréquentative, pluriels. Les repères temporels eux-mêmes demeurent vagues : « un jour », « une fois », « un soir », « un matin ». Des expressions comme « à partir de ce moment », « à partir de cette époque » ou « quelquefois », « de temps à autre », « souvent », « d'abord », « bientôt », ne posent, elles, des repères que dans une temporalité relative.

« Vanités* »

Flaubert recourt fréquemment à des **jalons temporels empruntés à la nature**, qu'ils soient directs quand il nomme les saisons, ou indirects par des notations sur la végétation (II, 5) ou l'état du ciel (II, 6). Cette façon de procéder permet de privilégier un temps cyclique, de rendre sensible à la monotonie de la répétition et, en même temps, de peindre le passage du temps par la décrépitude des choses. L'exemple du **jardin** de Tostes est à ce titre révélateur. Il apparaît à trois reprises. Tout d'abord, au moment de l'installation, où il est justement représenté comme une sorte d'excroissance végétale du cadran solaire qui trône en son centre. Quant au curé de plâtre, l'important est qu'il lise son bréviaire, c'est-à-dire le livre contenant les textes nécessaires à la célébration de la liturgie des Heures au cours de chaque journée. On retrouve le jardin, devenu pour Emma « son jardinet », le lendemain du bal à la Vaubyessard, elle y passe et repasse par les mêmes allées, prisonnière de la répétition morne. Enfin, dans l'interminable ennui qui précède le déménagement pour Yonville, elle y descend encore, mais le jardin « sembl[e] dormir » et offre l'image du passage du temps avec le curé qui a « perdu le pied droit » et dont le plâtre s'écaille[1].

1. Avant que le déménagement n'entraîne symboliquement sa destruction définitive ou plutôt sa transformation en l'abbé Bournisien : « L'ecclésiastique le prit par-dessous le bras pour lui faire faire un

L'écoulement du temps est aussi suggéré à plusieurs reprises par le cours de **la rivière** :

> *« Elle coulait sans bruit, rapide et froide à l'œil ; de grandes herbes minces s'y courbaient ensemble, selon le courant qui les poussait, et comme des chevelures vertes abandonnées s'étalaient dans sa limpidité. »*

Et l'on retrouve la Rieulle, le lendemain du départ de Léon, pour rappeler le cadre de leurs promenades d'autrefois :

> *« La rivière coulait toujours, et poussait lentement ses petits flots le long des berges glissantes. »*

Dans ces passages aussi, c'est bien la perception du temps par Emma qui se trouve suggérée par la personnification des « chevelures vertes » évoquant la noyade de l'héroïne, nouvelle Ophélie, dans l'écoulement des heures, par l'usage des deux adverbes « toujours » et « lentement », sans compter le rythme et la musicalité de la phrase.

Plus largement, **les références naturelles se déclinent dans le roman à la manière des Vanités*** de la peinture dont on retrouve bien des éléments récurrents : les « fleurs flétries », la « guirlande de fleurs pâles » sur le papier peint, les bouquets de mariage, celui « de l'autre » et le sien qui finit en « cendres », « la mousse rase », les « plaques de lichen », les insectes aussi, images du temps éphémère, animaux réels comme « un insecte à patte fine », « des cloportes à pattes nombreuses », « les papillons jaunes », ou métaphoriques tels « l'ennui araignée silencieuse » qui « filait sa toile dans l'ombre » ou les « corolles de papier [...] comme des papillons noirs ». On peut ajouter d'autres accessoires traditionnels : « une pendule à tête d'Hippocrate », « deux

---

tour de promenade dans le jardin. Il discourait sur la vanité des choses terrestres. »

flambeaux d'argent plaqué », les « globes » ou « petits globules bleus » dans la rivière, à l'image des bulles symbolisant la fragilité de l'existence dans les tableaux. Enfin, les « choses poussiéreuses », les fleurs de ravenelles s'égrenant « en poussière jaune », « la route poudreuse », « cette pourriture instantanée des choses où elle s'appuyait », oxymore* étrange et métaphorique reprenant « les volets toujours clos » qui « s'égrenaient de pourriture, sur leurs barres de fer rouillées ». De multiples détails jalonnent ainsi le roman de véritables ***memento mori****[1] que l'on ne sera pas surpris de retrouver une dernière fois au moment de la mort de l'héroïne.

D'autres jalons vont intervenir pour y conduire dans un temps qui cette fois n'est plus naturel ou cyclique, mais social et dramatisé, celui des **billets à ordre** qui se multiplient et imposent leur calendrier non plus dans un temps indéfini et suspendu, mais à la façon d'un **véritable compte à rebours**, un ultimatum dont les délais se raccourcissent à chaque fois : d'abord un an, puis trois mois et, pour finir, « C'était dans vingt-quatre heures ; demain ! »

On pourrait dire qu'il s'agit d'une sorte de revanche du Temps, mais cette fois d'un temps objectif, mathématique[2], sur lequel la rêverie d'Emma n'a pas de prise. Ce temps-là, social, ne lui est d'ailleurs pas réservé, il dicte aussi sa loi

1. Il n'y manquerait que le traditionnel crâne, mais la tête phrénologique en tient lieu.
2. Ce caractère arithmétique, qui contraste avec toutes les autres notations temporelles du roman, est encore souligné par la multitude de chiffres, de sommes, qui l'accompagnent dans le texte : « Lheureux courut à sa boutique, en rapporta les écus et dicta un autre billet, par lequel Bovary déclarait devoir payer à son ordre, le 1er septembre prochain, la somme de <u>mille soixante et dix</u> francs ; ce qui, avec les <u>cent quatre-vingts</u> déjà stipulés, faisait juste <u>douze cent cinquante</u>. Ainsi, prêtant à <u>six pour cent</u>, augmenté d'<u>un quart</u> de commission, et les fournitures lui rapportant un bon <u>tiers</u> pour le moins, cela devait, en <u>douze</u> mois, donner <u>cent trente</u> francs de bénéfice ».

à Charles, toujours poursuivi par l'usurier après la mort de son épouse.

Un récit qui ne progresse pas

On peut bien sûr noter dans la construction du roman un phénomène d'accélération et de dramatisation dans les derniers chapitres, mais **l'impression dominante demeure celle d'un récit figé**. Outre l'usage des temps et autres notations temporelles que nous venons d'étudier, il faut relever un trait de composition récurrent : les **scènes doublées**. On trouve ainsi deux bals (à la noce, au château), deux opérations sur des jambes (celle du père Rouault, celle d'Hippolyte), deux visites d'église (à Yonville, à la cathédrale de Rouen), deux scènes d'adultère (dans les bois, dans le fiacre), deux dialogues avec Rodolphe (aux comices et au dénouement), deux Léon (avant et près son séjour à Paris). Et l'on pourrait sans doute poursuivre la liste avec les deux scènes où Charles pousse Emma dans les bras d'un amant (en lui conseillant de faire du cheval, d'aller à l'opéra).

Plus généralement, nous avons vu que le roman reposait sur une composition cyclique qui correspond à la perception qu'a son héroïne du temps[1].

Le temps d'Emma

Emma demeure donc bien la référence à partir de laquelle Flaubert compose la temporalité de son roman, non pas parce que cette dernière s'ordonne sur les événements de sa vie, mais parce qu'elle reflète la façon qu'a l'héroïne de percevoir le temps. Il faut, en ce sens, reprendre l'analyse de cette perception qui ne saurait se réduire à l'idée simple de l'ennui.

1. Voir la composition p. 85 et suivantes.

Emma fait d'abord une double expérience du temps, à la fois profondément discontinu et désespérément continu.

Certains événements en effet « tomb[ent] » dans sa vie, pour reprendre l'expression utilisée par Flaubert à propos de l'invitation au bal, à la manière d'un « trou », et introduisent dès lors une rupture qui rend impossible de vivre la succession des moments de la vie qui suivent comme une véritable histoire. Ces moments détachés, qui constituent autant de scènes qui scandent la composition du roman, bouleversent la perception du temps de l'héroïne.

> *« Comme le bal déjà lui semblait loin ! Qui donc écartait, à tant de distance, le matin d'avant-hier et le soir d'aujourd'hui ? »*

Dès lors, le bal devient le point de départ, la référence absolue à partir de laquelle tout devrait s'écrire[1], jusqu'au prénom de l'enfant à venir. Seul le porte-cigares, tel un talisman, pourrait ramener en arrière, lui qui est porteur de la temporalité du domaine enchanté et de ses occupants puisque « chaque coup d'aiguille avait fixé là une espérance ou un souvenir ». Tout le temps se passe donc à attendre le retour de l'événement qui justement ne revient pas et dont l'absence ne fait que rendre plus sensible encore le caractère cyclique et répétitif du temps où les anniversaires finissent par se brouiller.

Au modèle de la ligne se substitue alors la figure du cercle, du retour permanent de la même et interminable journée qui tourne sur elle-même. Flaubert nous la fait vivre de manière saisissante dans le dernier chapitre de la première partie où, après le retour du bal, le temps semble s'arrêter.

---

1. Au cours du bal, Flaubert notait : « […] sa vie passée, si nette jusqu'alors, s'évanouissait tout entière, et elle doutait presque de l'avoir vécue. »

« […] et alors la série des mêmes journées recommença. Elles allaient donc maintenant se suivre ainsi à la file toujours pareilles, innombrables, et n'apportant rien ! »

Flaubert, pour peindre ces journées qui ressemblent toutes à des dimanches, fait alterner les formules répétitives (« toujours les mêmes », « chaque matin », « ne variait pas de la journée », « Tous les jours à la même heure », « Soir et matin », « toute la journée ») qui dessinent comme la basse continue du temps, avec des notations discontinues, nécessaires pour donner le sentiment de continuité et de silence (« Quelque chat », « Au loin parfois un chien hurlait »). Ces sons eux-mêmes sont d'ailleurs parfois mentionnés dans leur déroulement, dans une sorte de temps suspendu, aux mesures égales, sans début ni fin (« la cloche, à temps égaux continuait sa sonnerie »). S'y ajoutent de fausses dramatisations qui ne débouchent jamais sur rien (« Cependant on sortait de l'église », mouvement tempéré par l'indéfini « on », à peine diversifié et rendu plus vivant par la série qui suit : « Les femmes […], les paysans […] les petits enfants », pour mieux se fondre aussitôt, dans la même phrase, en un « tout rentrait chez soi » qui annule le mouvement initial).

Emma ne peut que rêver un nouvel événement, toujours remis à un hypothétique lendemain. Quand, effectivement, c'est bien le lendemain, le lundi 4 septembre, que doit avoir lieu la rupture extraordinaire du départ avec Rodolphe, son échec ne peut donc que la laisser totalement désemparée. La formule utilisée par Flaubert mérite qu'on s'y arrête :

« Et Emma quotidiennement attendait, avec une sorte d'anxiété, l'infaillible retour d'événements minimes, qui pourtant ne lui importaient guère. »

S'y mêlent en effet l'attente, à la fois espoir et anxiété, de l'« événement », qui seule rend la vie supportable et la négation même de cet événement puisque, minime, il est devenu quotidien et son retour, infaillible.

Mais ce temps s'oppose-t-il vraiment au temps rêvé de l'héroïne, entendons Emma, en tant qu'elle se rêve en héroïne ?

Ce temps en effet, elle l'a d'abord découvert dans ses lectures de couvent, c'est celui de tableaux rendus statiques par un présent intemporel :

> « [...] *l'amitié douce de quelque petit frère qui va chercher pour vous des fruits rouges dans des grands arbres plus haut que des clochers* ».

C'est ce temps pur ou parfait, où s'abolit la distinction entre passé, présent et futur, qu'elle retrouve dans ses rêveries, en particulier dans la page célèbre qui l'entraîne « Au galop de quatre chevaux » (II, 12).

Tout le voyage y est transcrit à l'imparfait pour donner l'impression d'un mouvement suspendu, bien résumée dans la formule répétitive « Ils allaient, ils allaient », voyage d'où même ils s'absentent par l'usage de l'indéfini (« On marchait au pas [...] On entendait sonner »), mais où finalement « ils arrivaient un soir » et « s'arrêtaient pour vivre ». Mais qu'en est-il de cette vie rêvée ? Comme le dit Elissa Marder

> « *Si le verbe vivre* [...] *n'est pas conjugué, c'est parce qu'aucune vie particulière, voire réelle, ne peut l'incarner, même à l'intérieur de la fantaisie*[1]. »

C'est ensuite cependant que le passage devient vraiment révélateur puisque Flaubert note :

---

1. « Madame Bovary en Amérique » in *Emma Bovary*, dirigé par Alain Buisine, éditions Autrement, 1997, p. 95. On pourra lire l'ensemble de l'analyse que l'auteur consacre au passage et toute son étude de la relation d'Emma au temps (p. 79-99).
Sur ce passage célèbre, voir aussi les commentaires de Gérard Genette dans « Silences de Flaubert », *Figures I*, Points Seuil, 1966, p. 223-243.

« Cependant, sur l'immensité de cet avenir qu'elle se faisait apparaître, rien de particulier ne surgissait : les jours, tous magnifiques, se ressemblaient comme des flots ; et cela se balançait à l'horizon infini, harmonieux, bleuâtre et couvert de soleil. »

Ce n'est donc pas d'avenir que rêve Emma car, pour elle, nul projet ne se révèle en définitive concevable, c'est d'une sortie pure et simple du temps[1].

Quelques occasions lui sont données de l'expérimenter en-dehors des lectures ou des souvenirs.

Tout d'abord, lorsqu'elle s'abandonne pour la première fois avec Rodolphe :

« Les ombres du soir descendaient ; le soleil horizontal, passant entre les branches, lui éblouissaient les yeux. Çà et là, tout autour d'elle, dans les feuilles ou par terre, des taches lumineuses tremblaient, comme si des colibris, en volant, eussent éparpillé leurs plumes. Le silence était partout ; quelque chose de doux semblait sortir des arbres ; elle sentait son cœur, dont les battements recommençaient, et le sang circuler dans sa chair comme un fleuve de lait. »

Comme l'écrit Georges Poulet :

« Flaubert arrive à donner au moment une densité spatiale et temporelle si particulière, que l'on dirait [...] *que ce moment appartient à une durée différente de celle des jours ordinaires, une durée où le* tempo *des choses se fait plus doux, plus lent, et par conséquent plus perceptible ; une durée qui s'étale*[2]. »

1. Et de l'espace comme on le voit par exemple dans la formule qui clôt son rêve de départ pour Paris : « une place confuse où [expire] son rêve ». Infini des flots, des horizons, des nuées bleuâtres, des pluriels vagues.
2. *Études sur le temps humain*, tome I, Presses pocket, 1962, p. 350-351.

La deuxième occasion intervient au cours de la maladie qui suit la fuite de Rodolphe, le jour où Emma s'imagine « agonisante » et communie, croit-elle, pour la dernière fois :

> « *Les rideaux de son alcôve se gonflaient mollement, autour d'elle, en façon de nuées, et les rayons des deux cierges brûlant sur la commode lui parurent être des gloires éblouissantes.* »

Toute l'évocation de cet élan mystique où l'héroïne s'imagine qu'une autre vie commence, mais une vie éternelle, hors le temps, reprend le vocabulaire de la jouissance amoureuse ; c'est bien en effet de la même extase qu'il s'agit[1].

Dès lors l'amour rêvé apparaît bien en fait comme la traduction d'un autre temps :

> « […] *un autre amour au-dessus de tous les autres amours, sans intermittence ni fin, et qui s'accroîtrait éternellement !* »

Mais les « aventures » d'Emma devaient bouleverser le cours des jours et ne la conduisent en fin de compte qu'à la répétition morne de « liaisons » tout aussi lassantes que son mariage. C'est qu'elle rêve d'un temps dans lequel se réconcilieraient les contraires : un temps fait d'accidents, mais qui les transcende et devienne aussi immuable et suspendu que l'éternité. Le paradoxe finalement est que pour elle, les caractéristiques du temps rêvé ne sont guère différentes de celles

1. Le procureur du reste ne s'y est pas trompé quand il déclare à propos de ce passage : « vous n'excuserez pas ces paroles de l'adultère introduites, en quelque sorte, dans le sanctuaire de la divinité ! ». On retrouvera une scène comparable mais dans un registre différent à la fin d'*Un cœur simple*. On peut également citer la formule « Elle souhaitait tout à la fois mourir et habiter Paris », dans laquelle, au-delà de l'ironie de l'auteur, on peut déceler cette aspiration, reflet d'un mixte entre pulsion de vie et de mort. Voir Antonia Fonyi, « Sa "vie nombreuse" sa "haine nombreuse", lire dans *Madame Bovary* la pulsion de mort », in *Emma Bovary*, éd. Autrement, 1997, p. 122 *sq*.

du temps réel et subi : dans les deux, les événements sont tout à la fois essentiels, mais en même temps annulés dans un pur déroulement intemporel.

Temps du récit, temps de l'écriture, temps de la lecture

Analepses*

Madame Bovary, nous l'avons vu, suit un plan linéaire et chronologique ; cependant, Flaubert y a introduit quelques retours en arrière ou analepses* et quelques anticipations ou prolepses* qui méritent l'attention.

Les deux analepses* principales et développées sont la naissance, l'enfance de Charles et la jeunesse d'Emma au couvent[1]. Ce genre de retours en arrière présente d'ordinaire un caractère assez artificiel qui met en relief la présence d'un narrateur omniscient, c'est pourquoi Flaubert, toujours soucieux de s'effacer dans son roman, en adoucit les contours par des transitions calculées. Ainsi, le mariage des parents de Charles est-il tout naturellement abordé dans la continuité du premier chapitre après le paragraphe s'achevant par :

1. Les deux paragraphes consacrés à la vie d'étudiant de Léon à Paris au début de la troisième partie pourraient être considérés comme une autre analepse*, mais cette dernière, rapide, apparaît cependant moins capitale puisqu'elle n'éclaire que la détermination nouvelle du clerc, jusque-là amoureux timide d'Emma. Nous ne relevons pas non plus comme authentiques analepses* les références au passé qui interviennent à l'occasion de la présentation de tel ou tel personnage. D'ailleurs, elles se révèlent en vérité excessivement rares car le romancier préfère nous les faire découvrir d'abord selon un point de vue externe, à l'occasion d'une scène, d'un dialogue où ce sont leurs propos qui les présentent comme dans le premier chapitre de la deuxième partie au *Lion d'or*. Dans le cas de Lheureux par exemple, le narrateur avoue même son incapacité à trancher entre les différentes histoires qui courent sur son passé.

> « *C'était le curé de son village qui lui avait commencé le latin, ses parents, par économie, ne l'ayant envoyé au collège que le plus tard possible.* »

Puis, le retour en arrière s'achève justement par les leçons du curé qui ramènent à son point de départ et, de fait, Flaubert écrit :

> « […] *et l'année d'après, Charles fut définitivement envoyé au collège de Rouen, où son père l'amena lui-même, vers la fin d'octobre, à l'époque de la foire saint-Romain.* »

conclusion qui retrouve précisément le moment interrompu par l'analepse*.

Les lectures d'Emma font bien l'objet d'un chapitre séparé (I, 6), mais dont les premiers mots prolongent sans rupture les derniers du chapitre précédent :

> « […] *les mots de félicité, de passion et d'ivresse, qui lui avaient paru si beaux dans les livres.* »
> « *Elle avait lu* Paul et Virginie ».

Quant à la conclusion du chapitre, elle renvoie directement à la fin du chapitre précédent :

> « […] *mais le bonheur qui aurait dû résulter de cet amour n'étant pas venu* »
> « […] *et elle ne pouvait s'imaginer à présent que ce calme où elle vivait fût le bonheur qu'elle avait rêvé.* »

Prolepses*

Au cours de la visite guidée d'Yonville qui ouvre la deuxième partie, Flaubert, après la description de la pharmacie, suggère en un raccourci saisissant une vision prémonitoire de la fin du roman :

« Il n'y a plus ensuite rien à voir dans Yonville. La rue (la seule), longue d'une portée de fusil et bordée de quelques boutiques s'arrête court au tournant de la route. Si on la laisse sur la droite et que l'on suive le bas de la côte Saint-Jean, bientôt on arrive au cimetière. »

Mais, en-dehors de ce passage, qui nécessite une interprétation rétrospective au deuxième degré et beaucoup d'ironie, le roman propose trois cas de prolepses* plus manifestes. Au début de la deuxième partie, Flaubert note :

« Depuis les événements que l'on va raconter, rien, en effet, n'a changé à Yonville. »

Cependant ce constat ne renvoie pas à un futur annoncé par une sorte de prémonition dans le temps de l'histoire, il nous ramène en fait au temps du récit, au moment où le narrateur raconte. En ce sens ; il rejoint les deux autres occurrences du phénomène dans le roman. Dans le chapitre premier, se trouve cette étonnante remarque :

« Il serait maintenant impossible à aucun de nous de se rien rappeler de lui. »

Et le livre se clôt sur la formule célèbre dont le passé proche se comprend par rapport au présent du narrateur :

« Il vient de recevoir la croix d'honneur. »

Temps de l'écriture, temps de l'action, temps de la lecture

Ainsi, à trois moments clefs du roman, au début de la première partie, puis de la deuxième, et à la fin de la troisième, le temps de l'histoire se trouve donc explicitement mis en relation avec celui du récit qu'il finit par rejoindre.

Ce moment du récit est aussi celui de la lecture : auteur, narrateur et lecteur semblent donc pouvoir se retrouver dans ce phénomène qu'on ne peut séparer de l'utilisation subtile des points de vue dans le roman, en particulier dans l'incipit imaginé très tardivement par le romancier, après l'achèvement complet de la rédaction[1].

Dans une lettre à Louise Colet du 25 juin 1853, Flaubert, parvenu à la fin de la première étape de la deuxième partie du roman, s'inquiète de la disproportion entre les préparations d'action, les expositions diverses (260 pages), la conclusion prévue (60 pages au moins) et le corps même de l'action (120 à 160 pages tout au plus). Il essaie de se rassurer :

> « [...] *ce livre est une biographie plutôt qu'une péripétie développée. Le drame y a peu de part et, si cet élément dramatique est bien noyé dans le ton général du livre, peut-être ne s'apercevra-t-on pas de ce manque d'harmonie entre les différentes phases, quant à leur développement. Et puis, il me semble que la vie en elle-même est un peu ça. Un coup dure une minute et a été souhaité pendant des mois !* »

Malgré tout, il demeure conscient de la difficulté de faire entrer le lecteur, français, précise-t-il, dans un *tempo* si particulier. Ses considérations sur la conclusion du chapitre des comices sont en cela tout à fait intéressantes.

> « *Sais-tu combien les comices (recopiés) tiennent de pages ? 23.* [...] *Je ne suis pas mécontent de mon article de Homais (indirect et avec citations). Il rehausse les comices et les fait paraître plus courts parce qu'il les résume.* »

Flaubert est donc très attentif au temps de la lecture, à l'impression à produire sur le lecteur par des changements

1. Voir à ce sujet le dossier très complet de la nouvelle édition Pléiade, p. 537-539.

de rythme calculés comme ici le sommaire qui referme le chapitre et le concentre.

On peut aussi s'interroger sur la relation entre le temps de l'action, le temps de la lecture et celui de l'écriture elle-même. Flaubert revient d'ailleurs assez régulièrement sur la disproportion :

> « *Je travaille un peu mieux ; à la fin de ce mois j'espère avoir fait mon auberge. L'action se passe en trois heures. J'aurai été plus de deux mois*[1]. »

Ce temps qui ne passe pas, pour le romancier, n'est-ce pas finalement ce qui le rapproche le plus de son héroïne ?

Le roman s'ouvre à l'imparfait, *in medias res*, au milieu de l'histoire, mais de l'histoire de qui ? Qui est ce « Nous » initial ? Il se clôt de même sur un passé proche renvoyant à un présent malgré tout indéfini. On pourra comparer avec le début de *Louis Lambert* de Balzac, un roman qui a profondément marqué Flaubert. Il commence lui aussi par l'arrivée d'un nouveau au collège, mais s'ouvre, lui, de manière beaucoup plus classique sur la présentation et la biographie du héros depuis sa naissance. On doit attendre une dizaine de pages pour trouver :

> « *Il faut avoir été dans notre collège pour comprendre et l'effet que produisait ordinairement sur nos esprits l'annonce d'un nouveau, et l'impression particulière que l'aventure de Lambert devait nous causer.* »

L'impression est ici tout autre car le lecteur se trouve exclu du groupe des témoins.

L'histoire d'Emma, la « biographie » – pour reprendre le terme de Flaubert – que constitue *Madame Bovary*, se trouve elle-même enchâssée dans une autre biographie, celle

---

1. À Louise Colet, 8 octobre 1852.

de Charles, mais, plus que cela, elle s'inscrit dans un autre temps, un temps fictif où peuvent se rejoindre lecteur, auteur et narrateur, ce qui en fait une sorte d'objet improbable, comme suspendu et mal identifié.

Julien Gracq a admirablement résumé cette impression si particulière que donne finalement au lecteur la temporalité du roman :

> « [...] *l'éclairage même, le seul éclairage plausible de* Madame Bovary, *avec les points d'orgue engourdis, stupéfiés, où viennent s'engluer une à une toutes ses scènes : une vie tout entière remémorée, sans départ réel, sans problématique aucune, sans la plus faible palpitation d'avenir. Tempo songeur et enlisé, à coloration faiblement onirique*[1] ».

Les personnages

Les chœurs

À plusieurs reprises dans le roman, Flaubert brosse de **vastes tableaux mettant en scène des groupes sociaux** avec des procédés comparables : les paysans dans la noce, mêlés aux bourgeois lors des comices, les notables à l'opéra de Rouen, l'aristocratie au bal de la Vaubyessard. Il s'agit dans les trois cas de pages symphoniques, comme les qualifiait Flaubert, où les descriptions sont à la fois précises, voire minutieuses, et traitées comme des compositions artistiques sur un modèle pictural et musical. Le romancier leur imprime une dynamique en suivant les différents moments d'une fête : arrivée des convives, rituels divers, repas, jeux, départ. Ces rapprochements dans la structure des épisodes permettent de souligner au contraire les **contrastes profonds** qui

1. *en lisant en écrivant*, José Corti, 1980, p. 19.

existent **entre les différents milieux sociaux**. La toilette des paysannes fait ainsi l'objet de quelques notations tandis qu'au bal nous trouvons une accumulation de vêtements, bijoux, accessoires féminins. Les invités de la noce sont engoncés dans leurs habits de fête tandis qu'au château tout souligne l'aisance des nobles dont le « cou tournait à l'aise sur des cravates basses ». Les notables bourgeois tiennent le milieu avec « Leurs molles figures blondes » et « leurs favoris bouffants s'échapp[ant] de grands cols roides ».

Ce qui domine cependant toutes ces descriptions est **l'importance des objets**, vêtements, accessoires, qui prennent la place des humains. Flaubert détaille les différentes catégories de paysans par leurs habits, les femmes du bal sont réduites à leurs bijoux ou éventails, les notables qu'on retrouve à Rouen « ressembl[ent] à des médailles d'argent ternies par une vapeur de plomb ».

Malgré les différences de statut, parfois appuyées, c'est la **similitude des individus** constituant une classe sociale que souligne Flaubert par exemple aux comices : « Tous ces gens-là se ressemblaient ». Ce qui n'exclut pas une **violence réelle dans les relations sociales**, entre catégories mais aussi à l'intérieur d'une même classe. Certains invités de la noce « chuchot[ent] sur le compte de leur hôte et souhait[ent] sa ruine à mots couverts ». Des invités du château, Flaubert dit :

> *« à travers leurs manières douces, perçait cette brutalité particulière que communique la domination de choses à demi faciles, dans lesquelles la force s'exerce et où la vanité s'amuse, le maniement des chevaux de race et la société des femmes perdues. »*

Enfin, la longue description de Catherine Leroux se résume par cette formule sans appel « ce demi-siècle de servitude ».

Les figurants

On trouve ici et là, comme en toile de fond, le **chœur des commères** du village, madame Langlois, madame Caron, madame Dubreuil, madame Tuvache, qui servent de « compagnie » à madame Bovary, l'espionnant, moitié fascinées moitié scandalisées par l'inconduite qu'elles lui prêtent. La dernière apparition de la femme du maire et de madame Caron, cachées au grenier pour surprendre la visite d'Emma à Binet, constitue, par le jeu des restrictions de champ*, une véritable trouvaille qui souligne de manière à la fois grotesque et tragique les mœurs de province. C'est l'occasion pour madame Tuvache d'avoir ce mot terrible : « On devrait fouetter ces femmes-là ! »

Les domestiques constituent, eux, une sorte de contrepoint discret mais continuellement présent avec les bourgeois.

Félicité

Félicité joue les utilités régulièrement dans le roman, mais Flaubert lui attribue aussi un rôle de **confidente**. Elle raconte à Emma l'histoire de la Guérine, de son mal, « une manière de brouillard » qui lui passa après le mariage, elle devient complice de sa maîtresse qui, par un singulier retournement de situation, lui emprunte de l'argent puis, sur son conseil, va implorer les banquiers, le notaire, le percepteur. La bonne finit par s'identifier à elle après sa mort quand elle lui emprunte ses toilettes et que Charles l'aperçoit de dos. Elle s'enfuit finalement avec Théodore, le domestique de M. Guillaumin, parachevant, ironie du sort, le projet avorté d'Emma et Rodolphe, accédant, peut-être, à cette félicité que madame Bovary avait cherchée vainement. Flaubert reprendra le prénom pour l'attribuer à la bonne d'*Un Cœur* *simple*, victime dans sa jeunesse des belles promesses d'un Théodore qui l'abandonne.

Justin

Au rang des figurants, on trouve Justin désigné par un simple prénom qu'on pourrait lire « juste un » eu égard à son peu d'importance, mais qu'il faudrait aussi comprendre comme **le dernier des justes** dans cette société sans cœur d'Yonville. Il se distingue en effet par l'amour sans partage qu'il porte à Emma et qui le rapproche seul de Charles. Flaubert lui prête ses **émois d'adolescent** dont il a la fragilité et la pâleur. Il rêve devant le linge de l'héroïne (II, 12), la contemplant à sa toilette, en feuilletant en cachette *L'amour conjugal*. Il ne manque jamais une occasion de traîner chez elle, portant ses lettres à Rodolphe, nettoyant amoureusement ses bottines crottées dans les rendez-vous amoureux, s'imaginant devenir son « valet de chambre » et jouant le rôle d'une véritable « cameriste » qui l'accompagne au lit, mais :

> *« Elle ne se doutait point que l'amour, disparu de sa vie, palpitait là, près d'elle,* [...] *dans ce cœur d'adolescent ouvert aux émanations de la beauté. » (II, 14)*

Il aurait pu être ridicule si le romancier ne l'avait fait réapparaître une dernière fois, avant sa fuite à Rouen reconverti en « garçon épicier », pleurant en cachette sur la tombe d'Emma (III, 10). La scène est d'autant plus touchante que Flaubert a eu l'intelligence et la pudeur de ne faire que la suggérer avec, en contrepoint comique, l'erreur d'interprétation de Lestiboudois qui croit démasquer son voleur de pommes de terre. Justin se révèle aussi l'instrument du destin car c'est lui qui livre à Emma la clef du capharnaüm. Ce rôle est annoncé à deux reprises, après son évanouissement (« surveille les bocaux ! »), et surtout lorsque Emma revient de Rouen et que la maladresse du garçon donne à Homais l'occasion de faire une mise au point insistante sur les dangers de l'arsenic révélant par la même occasion à Emma où il est rangé (III, 2).

Les rôles secondaires

Certains des personnages secondaires devaient être beaucoup plus développés à en juger par des scénarios ou certains brouillons[1], mais, malgré leurs apparitions parfois épisodiques, tous conservent un certain relief dû à la puissance d'évocation des formules de Flaubert. Ainsi, la famille Tuvache, finalement peu présente, est-elle résumée en une formule ternaire décisive :

> *« et enfin M. Tuvache, le maire, avec ses deux fils, gens cossus, bourrus, obtus, cultivant leurs terres eux-mêmes, faisant des ripailles en famille, dévots d'ailleurs, et d'une société tout à fait insupportable. »*

Les hommes

On trouve d'abord **les pères**, M. Bovary père et le père Rouault. Le premier apparaît peu, se signalant surtout par son absence auprès d'un fils dont il aura tout de même voulu une certaine éducation « à la spartiate », ce qui ne fait guère d'effet à un « marmot [...] gâté comme un prince » par sa maman. **Charles-Denis-Bartholomé Bovary** est en fait **un raté**, renvoyé de l'armée napoléonienne, aussi incapable dans la manufacture que dans l'agriculture, et réduit finalement à jouer les retraités misanthropes dès l'âge de quarante-cinq ans. Il s'efforce encore de porter beau, taquine la bouteille et la servante, ce qui lui vaut d'être rapidement mis hors d'état de compromettre la famille par sa femme. **Le père Rouault**

1. Voir Claudine Gothot-Mersch, *La Genèse de* Madame Bovary, Corti, 1966, p. 195-196.

se révèle plus riche. Sous sa bonhommie et ses manières un peu rustres, Flaubert en a fait un personnage **profondément humain**. C'est lui qui sait trouver des mots simples et justes pour parler à Charles du deuil en confessant sa propre expérience. Son amour pour Emma se déchiffre déjà dans le dessin qu'elle lui a dédicacé enfant et qui est resté affiché, dans les souvenirs émus que Flaubert prête à son héroïne à la lecture de la lettre de son père (II, 10). Cette dernière en effet offre un contraste saisissant avec la dernière lettre de Rodolphe[1]. À la fin du livre, le romancier consacre plusieurs pages au voyage halluciné qu'il fait pour se rendre auprès d'Emma et découvrir qu'elle est morte. Flaubert accuse le relief de l'épisode en le rapportant après coup et en usant de la coupure entre les chapitres 9 et 10 pour accentuer encore la dramatisation. C'est totalement abattu que le vieil homme choisit de repartir aussitôt pour les Bertaux sur un dernier mot que son insignifiance apparente rend encore plus touchant : « [...] n'ayez peur ! vous recevrez toujours votre dinde. »

Binet a conservé la rigidité de son passé de carabinier avec son physique où « pas un poil ne dépass[e], sa redingote tombant droit d'elle-même » et sa **ponctualité mécanique** qui l'apparente à un jacquemart d'horloge, même quand il sort d'un tonneau et qui s'exprime dans son unique passion, son tour. On le retrouve à la manœuvre aux comices, pressé de faire étalage de son obéissance au pouvoir. Il pourrait paraître surprenant qu'Emma au comble du désespoir fasse appel à lui, tant ses manières le prédisposent peu à succomber à la tentation, lubrique ou charitable. Cependant, on constate qu'il apparaît régulièrement dans le roman à des moments choisis,

1. « Et il y avait un intervalle entre les lignes, comme si le bonhomme eût laissé tomber sa plume pour rêver quelque temps. » s'oppose par exemple au procédé d'un Rodolphe « laiss[ant] tomber une grosse goutte » pour simuler une larme !

même sous la forme en apparence discrète du « ronflement monotone » de son tour qui résonne lugubrement comme la voix du destin. Ainsi, au moment où Emma est tentée par le suicide :

> « [...] *elle n'avait qu'à céder, qu'à se laisser prendre ; et le ronflement du tour ne discontinuait pas, comme une voix furieuse qui l'appelait.* »

C'est ce même appel qu'Emma croit reconnaître dans le bruit du rouet de la nourrice qui prend des allures de Parque, ce bruit qui empêche Mme Tuvache d'entendre la conversation du grenier.

Une étrange forme de complicité semble d'ailleurs unir Emma au percepteur. Il répond sèchement par une fin de non-recevoir à Léon en mal de confidence, à Mme Lefrançois qui s'informe sur une liaison du clerc, mais ils se sont mutuellement surpris en flagrant délit avec l'héroïne : elle revenant de chez Rodolphe, lui braconnant.

Maître Guillaumin devait, d'après un des scénarios, afficher plus tôt au cours du roman son goût pour Emma. « Ce dernier, tout occupé d'affaires, portant des lunettes à branches d'or et favoris rouges sur cravate blanche », dévoilera son intérieur à tous les sens du terme à la fin. La visite que lui fait Emma résonne d'autant plus d'une ironie tragique que quelques notations disséminées dans le roman ont assez clairement suggéré la complicité, au moins tacite, du notaire avec Lheureux.

Les femmes

Si l'on compte bien, il y a dans le roman **trois Madame Bovary**... **madame Bovary mère**, la veuve Dubuc et Emma.

Les deux premières, complices sur le dos de Charles[1], se ressemblent bien en effet. Mme Bovary mère, dont nous ne connaîtrons pas le prénom, est « devenue (à la façon du vin éventé qui se tourne en vinaigre) d'humeur difficile, piaillarde, nerveuse ». **Héloïse Dubuc**, veuve d'un huissier de Dieppe, quarante-cinq ans et douze cents livres de rente, « laide, sèche comme un cotret[2], et bourgeonnée comme un printemps, se pl[aint] sans cesse de ses nerfs, de sa poitrine, de ses humeurs ». Flaubert a choisi dans un second temps de ne pas la présenter au départ comme réellement malade, ce qui ne laisse aucune place à un éventuel apitoiement du lecteur. De fait, le personnage se révèle très vite odieux et jaloux avant de disparaître, non sans que Flaubert s'amuse à souligner ce pseudo-coup de théâtre : « Elle était morte ! Quel étonnement ! » Les relations de Madame mère avec sa nouvelle bru se révèlent beaucoup plus difficiles et chacune de ses visites est prétexte à disputes. Elle se sent dépossédée de la tendresse de son fils chéri. Une première fois, belle-mère et bru n'échangent pas quatre paroles en trois semaines, la seconde fois, Charles, après une violente dispute, n'obtient qu'un raccommodement de façade (II, 12). La première condamne le train de maison, la tenue de Félicité, les dépenses excessives, la manie de la lecture, la seconde, prenant des airs de marquise, traite sa belle-mère de « paysanne » ! Finalement, après la mort de l'héroïne, la cause de la brouille de la mère avec son fils sera très symboliquement un châle d'Emma que Charles lui refuse.

Mme Homais mérite un détour car, si effacée soit-elle par rapport à son grand homme d'époux, elle n'en apparaît pas moins régulièrement dans le roman et prend la défense

1. « [...] comme deux couteaux, elles étaient à le sacrifier par leurs réflexions et leurs observations. »
2. Petit fagot de bois.

d'Emma. Elle y incarne la parfaite mère de famille, veillant sur son époux pour qui elle demande une consultation au docteur Larivière, sur ses enfants qui l'accompagnent souvent et qu'elle surprotège de tous les accidents domestiques. Il faut chercher plus loin pour espérer trouver quelque faiblesse féminine, quelque faille dans ce personnage « lymphatique » : son goût pour les *cheminots* peut-être, ces petits pains durs comme « des têtes de sarrasins », « dernier échantillon des nourritures gothiques [...] qu'elle croque héroïquement », ou la dernière image d'elle, plus troublante peut-être :

> *« Il s'éprit d'enthousiasme pour les chaînes hydro-électriques Pulvermacher ; il en portait une lui-même ; et, le soir, quand il retirait son gilet de flanelle, madame Homais restait tout éblouie devant la spirale d'or sous laquelle il disparaissait, et sentait redoubler ses ardeurs pour cet homme plus garrotté qu'un Scythe et splendide comme un mage. »*

Pourtant, à en croire Léon ou Hippolyte, elle n'a rien de féminin et ne saurait susciter le désir.

Madame Lefrançois devait, elle aussi, voir son personnage plus développé. Flaubert suggère malgré tout son histoire de manière épisodique. On connaît sa rivalité avec le *Café français*, finalement ruiné par les manœuvres de Lheureux, son mépris pour les « vachers » et autres « va-nu-pieds » envahissant Yonville lors des comices et, pour finir, ses chagrins quand Lheureux, toujours lui, menace de débaucher Hivert et fait une sévère concurrence au *Lion d'or*.

Les premiers rôles

Se composent de **deux trios complémentaires**.

Les trois pouvoirs

Homais, Lheureux, Bournisien incarnent les trois pouvoirs qui règnent sur Yonville : **la science, le commerce et la religion**. Le dernier cependant se survit à peine, à l'image de son église ruinée, il compte parmi les survivances d'un autre temps que seule la force d'inertie maintient. Il se trouve en fait détrôné par le positivisme, la nouvelle idéologie qui voue un véritable culte aux sciences en qui elle place désormais le salut de l'homme. Le roman se clôt très naturellement sur le triomphe d'Homais à qui rien ne résiste et que reconnaît officiellement un pouvoir politique auquel il s'est rallié en multipliant les petits services pour le parti de l'ordre. On pourra lire une étude plus détaillée du personnage dans la partie consacrée aux sujets de bac.

M. Lheureux incarne, lui, la **prospérité commerciale** et le développement économique avec ses inévitables victimes laissées au bord du chemin, comme le « pauvre père Tellier, qui, enfin contraint de vendre, avait acheté à Quincampoix un maigre fonds d'épicerie, où il se mourait de son catarrhe, au milieu de ses chandelles moins jaunes que sa figure ». Même après la mort de l'héroïne, il continuera d'ailleurs de s'acharner sur Charles. Le personnage – dont on ignore le véritable passé – va jusqu'à s'entourer d'une aura vraiment diabolique et les marchés successifs conclus avec les uns et les autres pourraient bien s'apparenter à quelque pacte diabolique. Comme son nom le laisse entendre, le commerçant promet en effet à tout un chacun le bonheur, un bonheur fait d'avoir, auquel tous semblent prêts à sacrifier leur vie éternellement. Il offre à chaque apparition **la figure du Tentateur**, du serpent de la Genèse. N'est-il pas pour Mme Lefrançois : « un enjôleur, un rampant », qui sait déchiffrer le désir de l'Autre et y répondre. Emma rêve-t-elle d'une cravache pour Rodolphe, Lheureux « la semaine d'après la lui pos[e] sur la table ». En cela, il est peut-être le plus balzacien des personnages du roman. Son bureau d'ailleurs évoque le repaire de l'usurier Gobseck avec « contre le mur, sous des coupons d'indienne, [...] un coffre-fort, mais d'une telle dimension, qu'il devait contenir autre chose que des billets et de l'argent ». Il semble apparaître par enchantement aux moments clefs du parcours d'Emma et se confond avec son destin. Il est dans l'*Hirondelle* avec le couple qui débarque à Yonville, croise Emma au bras de Rodolphe lors des comices et la surprend à Rouen avec Léon. C'est donc à plusieurs titres qu'il vient au dénouement lui demander des comptes.

L'abbé Bournisien, pourtant censé incarner la foi, se révèle aussi **égocentrique et égoïste** que les deux autres. Sa religion s'apparente surtout à une pratique purement mécanique, une sorte de rituel qui a perdu tout son sens. Il se révèle totalement incapable d'entendre Emma, et même de l'écouter, surtout préoccupé de la discipline des enfants du catéchisme et de l'organisation prochaine des communions. Il ne se montre pas plus généreux envers Hippolyte à qui il déclare à propos de son mal « qu'il fallait s'en réjouir, puisque c'était la volonté du Seigneur et profiter vite de l'occasion pour se réconcilier avec le ciel ». Son physique annonce son goût pour la bonne chère, penchant partagé avec le pharmacien. Ils trinquent et le curé y va de sa boutade « Sa bonté saute aux yeux ! » chaque fois qu'on ouvre une bouteille de cidre. Au chevet d'Emma, ils se retrouvent encore par-delà leur rivalité de façade :

> « [...] *ils mangèrent et trinquèrent, tout en ricanant un peu, sans savoir pourquoi, excités par cette gaieté vague qui vous prend après des séances de tristesse ; et, au dernier petit*

verre, le prêtre dit au pharmacien, tout en lui frappant sur l'épaule :
– Nous finirons par nous entendre ! »

Mari et amants

Dès le premier scénario général, Flaubert pose, face à Charles, **deux amants aux tempéraments contrastés**, voire opposés, qui se sont d'abord appelés Amédée-Léopold et Théodore. Il s'agit pour lui d'expliquer de façon quasi scientifique le parcours d'Emma, mais aussi de proposer une sorte de typologie des amants et plus largement des lâchetés et vanités masculines. Rodolphe sera l'amant viril et physique, Léon le sentimental plutôt « féminin[1] » ; entre les deux, Charles qui joue un rôle à part, mais s'inscrit dans la trilogie admirablement résumée par les systèmes pileux envisagés par Flaubert :

> « *Charles Bovary porte un collier, Léopold moustaches en pointes, Rodolphe moustache à l'anglaise.* »

Du reste, tous se retrouvent finalement avec l'héroïne en position de maris dans une relation décevante :

> « [...] *ils se trouvaient l'un vis-à-vis de l'autre, comme deux mariés qui entretiennent tranquillement une flamme domestique.* » *(II, 10)*
> « *Emma retrouvait dans l'adultère toutes les platitudes du mariage.* » *(III, 6)*

Dès l'entrée en scène de **Rodolphe**, Flaubert joue ironiquement sur l'ambiguïté de sa présentation : « Ce n'était point par vanité territoriale, précise-t-il, que [« Monsieur Rodolphe Boulanger, de la Huchette »] avait ajouté à son nom

1. C'est le premier mot qu'a noté Flaubert dans le scénario avant de le barrer.

la particule » Il faut bien évidemment comprendre l'inverse : le nouvel arrivant se donne volontiers **des allures de hobereau**, il affiche une **prétendue décontraction**, pour mieux faire valoir son élégance censée trancher avec les toilettes provinciales. Il fait « des plaisanteries sur les dames d'Yonville, à propos de leur toilette » et s'excuse « du négligé de la sienne » pour mieux la faire remarquer, « foulant avec [ses bottines de nankin, claquées de cuir verni] les crottins de cheval, une main dans la poche de sa veste et son chapeau de paille mis de côté » (II, 8).

Flaubert, dès les scénarios, lui a attribué quelques accessoires bien représentatifs de ce personnage de chasseur : gants de chasse jaunes, guêtres, habit de velours ; c'est sans doute pourquoi il décide assez tardivement que la « baisade » se fera dans les bois. Rodolphe est frappé par les charmes d'Emma, plus particulièrement ceux « de son corsage[1] », mais aussi par son aplomb au cours de la saignée. Il décide d'en faire sa maîtresse, pour remplacer une comédienne de Rouen devenue à son goût « trop grosse », mais avec le souci, dès le départ, de « s'en débarrasser ensuite ». Il l'éloigne d'ailleurs une première fois quand elle commence à devenir trop envahissante, puis se décide à rompre définitivement quand elle exige leur fuite commune. Si le séducteur emprunte tous les clichés du romantisme pour se mettre en scène et conduire Emma à s'abandonner (en particulier lors de la scène des comices ou, plus tard, pour rompre avec elle), Rodolphe renonce bien vite aux « mots si doux qui la faisaient pleurer », prend ses distances. C'est que, pour Flaubert, il doit avant tout

1. La description d'Emma, une des rares du roman, n'est pas explicitement présentée selon le point de vue interne de Rodolphe, mais tout invite à la lire dans ce sens, en particulier vers la fin du chapitre : « il revoyait Emma dans la salle, habillée comme il l'avait vue, et il la déshabillait. »

faire découvrir à Emma une **réelle ivresse des sens** qui va modifier les attentes et le caractère de l'héroïne. Le romancier précise même un peu plus tard, sous forme allusive, que l'amant l'a initiée à « d'autres jouissances » :

> *« Il jugea toute pudeur incommode. Il la traita sans façon. Il en fit quelque chose de souple et de corrompu. »*

Dans ses premiers projets, il avait noté assez précisément :

> *« – l'empoigne en blaguant et lui remue vigoureusement le tempérament – c'est dans les bois, à cheval* [...] – ~~*rage du*~~ *plaisir franc les sens s'exaltent la tête aussi – son amant – le sentiment l'a porté aux sens. les sens la portent au sentiment – c'est là vraiment qu'elle aime – lui finit par en être effrayé, embêté. il l'a trop développée. et l'envoie promener... »*

Tel Dom Juan face à Done Elvire venue l'implorer, Rodolphe ne demeure pas insensible au charme de son ancienne maîtresse désespérée, mais il démontre encore une fois qu'il ne sera jamais pourvu que d'une fausse noblesse, d'une fausse élégance, c'est un **jouisseur soucieux avant tout de son petit confort**. Il affichera une dernière fois son inhumanité lors de l'ultime rencontre avec Charles, seul véritable amoureux d'Emma, dont il ne peut absolument pas comprendre le pardon.

Amédée soulignait bien la fadeur du personnage de **Léon** (venu corriger le plus poétique Léopold aux consonances trop proches sans doute de celles de Rodolphe). Il est pour Flaubert l'incarnation du « **couillonnnisme profond** » comme il le répète. Ce garçon sans envergure trouve en Emma une complice de rêverie et se contente de cette **amitié amoureuse** :

> *« Ainsi s'établit entre eux une sorte d'association, un commerce continuel de livres et de romances ; » (II, 4)*

Il partage avec elle le goût des clichés les plus éculés hérités d'un **romantisme de bazar** et leur première conversation se révèle en la matière une véritable anthologie des idées reçues (II, 2). Incapable de passer à l'acte, Léon va révéler sa vraie nature à Paris. Aussitôt qu'il a reçu l'autorisation de sa mère, il prépare son déménagement pendant un mois, prenant « plus de dispositions que pour un voyage autour du monde » et c'est rempli de la fatuité que lui a donnée cette expérience de la capitale, qu'il retrouve Emma :

> *« [...] devant la femme de ce petit médecin, il se sentait à l'aise, sûr d'avance qu'il éblouirait. » (III, 1)*

Durant leur lune de miel, les deux amants semblent réaliser leurs rêves de lecture[1] ; en barque, au clair de lune, s'imaginant deux Robinsons, ils sont rappelés à la réalité par le vieux batelier évoquant maladroitement une partie fine comparable organisée par un « Dodolphe », un autre homme à femmes (III, 3). Passé ce moment, Léon, par son comportement, se rapproche en effet de Rodolphe, à cette différence près qu'après avoir joué le rôle de l'initiateur libéré dans la scène du fiacre, il est de plus en plus **l'« enfant » pour une Emma aux initiatives masculines** :

> *« il devenait sa maîtresse plutôt qu'elle n'était la sienne. Elle avait des paroles tendres avec des baisers qui lui emportaient l'âme. » (III, 5)*

Finalement, comme Rodolphe, mais par peur de sa mère et parce qu'il craint pour sa réputation, Léon lui aussi abandonne lâchement l'héroïne pour épouser un parti au nom plus conforme à ses aspirations de notaire à Yonville, « mademoiselle Léocadie Lebœuf, de Bondeville ».

1. L'écho avec les rêveries d'Emma est d'autant plus perceptible que Flaubert utilise dans les deux cas l'imparfait qui fait passer naturellement d'un monde à l'autre en effaçant les frontières.

Charles

« Il l'ouvrit et ne trouva rien », tels sont les derniers mots en forme d'épitaphe décisive, que Flaubert réserve au personnage de Charles. Le vide semble en effet le caractériser, mais il occupe pourtant **une place capitale dans le roman** et il faudra expliquer cet apparent paradoxe.

Nul, Charles l'est à plus d'un titre. C'est d'abord un médiocre intellectuellement et Flaubert le pose comme tel dès le premier chapitre du roman : en médecine comme au collège, c'est un élève besogneux mais dépassé : « Il n'y comprit rien ; il avait beau écouter, il ne saisissait pas » (I, 1). Il pourrait faire une honorable carrière de simple officier de santé, mais l'opération du pied-bot sera une nouvelle occasion de montrer son incompétence et de le replacer face au docteur Canivet dans la position du mauvais élève présomptueux. Cette **incompréhension** dépasse le cadre scolaire ou professionnel et s'étend à la vie elle-même et aux êtres qui l'entourent. Charles se révèle incapable de reconnaître ceux qui se moquent de lui, ou lui veulent du mal, ou le trompent. Il assiste en toute innocence à l'amitié amoureuse qui unit sa femme à Léon (« Monsieur Bovary, peu jaloux, ne s'en étonnait pas. »), la pousse dans les bras de Rodolphe avec la formule – ô combien ironique en situation – que lui prête le romancier : « La santé avant tout ! », avant de la confier lui-même à Léon à la sortie de l'opéra (« mais rien n'empêchait Emma »). Même lorsqu'il découvre la lettre de rupture de l'amant, son « ton respectueux [...] l'illusionn[e] », et la confirmation de son cocuage ne l'amène finalement qu'à se négliger totalement et à « pleur[er] tout haut en marchant ». C'est évidemment Emma qui demeure à tout jamais pour lui un mystère et ses réactions devant elle apparaissent toujours décalées, comme lorsqu'il lui demande de l'embrasser alors qu'elle est en train de remâcher sa haine et son mépris après l'amputation d'Hippolyte (II, 11).

Charles est en effet le jouet de tous et jusqu'au bout il affichera la plus grande passivité. Que ses parents choisissent pour lui ses études et son état, cela n'a pas de quoi surprendre pour l'époque, mais que sa mère lui trouve une épouse et une clientèle à Tostes, apparaît déjà plus surprenant. Par la suite, le personnage ne cessera d'être manipulé par les uns et les autres et d'abord par Homais qui le pousse à opérer Hippolyte avant de se désolidariser lâchement de lui.

Charles semble en effet se contenter de vivre au jour le jour les petits plaisirs de l'existence auxquels finalement tout se ramène, y compris l'amour ou la paternité, comme l'indique la métaphore* :

> *« Il connaissait l'existence humaine tout du long, et il s'y attablait sur les deux coudes avec sérénité. » (II, 3)*

C'est pourquoi, dans la peinture du personnage, les repas et la digestion occupent une place prépondérante : **Charles aime manger tranquille, il digère tout**, à la manière du bœuf à qui il emprunte son nom et son rôle, qui n'est pas celui d'un taureau.

Le jugement final de Rodolphe résume donc assez bien l'impression dominante :

> *« [il] le trouva bien débonnaire pour un homme dans sa situation, comique même, et un peu vil. »*

De fait, la première scène du roman l'avait déjà annoncé de manière emblématique : cet être se réduit à l'informe et au grotesque, qu'il s'agisse du borborygme « Charbovari », ou de son improbable casquette qui le couvre tout entier, se substitue à lui, le fait disparaître comme homme pour le métamorphoser en objet, « une de ces pauvres choses, enfin, dont la laideur muette a des profondeurs d'expression comme le visage d'un imbécile ».

Comment expliquer dans ces conditions qu'un personnage aussi médiocre, méprisable, occupe dans le roman une place aussi importante ? On pourrait répondre d'abord qu'il est le mari d'Emma et que la biographie de l'héroïne ne saurait en faire abstraction. Par ailleurs, les développements auxquels il donne lieu servent à éclairer l'évolution de sa femme car c'est la plupart du temps à travers sa perception à elle qu'il nous est présenté. On serait par exemple surpris d'apprendre l'âge de Charles – 33 ans au début du roman, note Flaubert dans son projet – car, vu par Emma, il apparaît beaucoup plus vieux, ayant pris « avec l'âge, des allures épaisses ».

Cependant, le rôle de Charles va au-delà, puisque rien n'obligeait Flaubert à le faire apparaître avant son héroïne ni à nous faire suivre ses dernières années après la mort de celle-ci. Tout se passe en fait comme si nous lisions **la biographie de Charles dans laquelle s'insère celle d'Emma**. Ce qu'on trouve quand on l'ouvre, nous l'avons vu, c'est : rien c'est-à-dire justement la vie de madame Bovary, telle qu'elle est projetée par l'auteur, « un livre sur rien ».

Mais Charles lui-même n'est-il que ce personnage dérisoire et vide qui aura assisté impuissant, sans rien comprendre, à la vie d'Emma ? Flaubert, malgré le mépris évident qu'il affiche dans le roman pour le personnage, et que confirme sa correspondance, lui a pourtant prêté des traits plus riches et ambigus, si l'on y regarde mieux.

De tous les hommes qu'Emma aura croisés, Charles se révèle en définitive **le seul qui l'ait vraiment aimée** malgré sa maladresse. La réaction que lui prête Flaubert au cours de l'agonie, de l'enterrement, puis des années qui suivent, en témoigne. On peut même relever une forme de progression de ce point de vue. Il organise des obsèques tout à fait déplacées par rapport à son milieu et au village et cette cérémonie peut apparaître comme un rattrapage des noces qu'Emma aurait souhaitées. C'est aussi la première véritable affirmation de volonté personnelle de la part de Charles, vu la conclusion sans appel de ses directives : « Je le veux. Faites-le. » Par la suite, il s'enferme dans son deuil, lui sacrifiant même d'une certaine manière sa petite fille Berthe qu'il conduit le soir au cimetière pour ne revenir qu'« à la nuit close ». La révélation des trahisons d'Emma la lui rendent d'autant plus désirable qu'elle est désormais inaccessible. « On avait dû [...] l'adorer. Tous les hommes, à coup sûr l'avaient convoitée. », se dit-il. Cette remarque ne peut être mal comprise ou interprétée que par un Rodolphe, par la société des idées reçues, qui y voient une consolation d'imbécile, alors qu'elle est la marque d'un véritable amour et d'une profonde humanité. Par amour, Charles va même devenir celui qu'Emma aurait rêvé, il s'achète « des bottes vernies », prend l'usage « des cravates blanches », se ruine en toilettes comme s'il s'identifiait à elle pour mieux la faire revivre. Enfin, nouveau désespoir, il l'oublie, ne peut que rêver chaque nuit une impossible étreinte. Flaubert utilise alors pour lui, de manière très significative, la même formule que précédemment pour Emma constatant le vide de l'existence (« cette pourriture instantanée des choses où elle s'appuyait », III, 6). Au moment où il la touche, « elle tombait en pourriture dans ses bras ». De plus, il souffre de ne pouvoir partager cette douleur et c'est bien ainsi qu'il faut comprendre sa dernière rencontre avec Rodolphe. Pour lui, « c'était un émerveillement », une sorte de résurrection d'Emma dont le désir semble prendre corps, un corps auquel il voudrait s'identifier, « il aurait voulu être cet homme ». Le piètre amant, lui, « continuait à parler culture, bestiaux, engrais ». Qui donc est le bovin des deux ?

Dès lors, Charles meurt bien d'amour. Sa mort s'accomplit d'ailleurs telle qu'Emma avait rêvé la sienne :

> « [...] *dans la tonnelle* [...] *le jasmin embaumait, le ciel était bleu* [...] *et Charles suffoquait comme un adolescent sous les vagues effluves amoureux qui gonflaient son cœur chagrin.* »

Flaubert reprend presque mot pour mot le vocabulaire de l'extase de son héroïne, à cette différence – capitale – près, qu'il n'y met aucune distanciation ironique et qu'il **accorde à son personnage une « belle mort »**, une mort romantique qui se confond avec un transport amoureux et quasi mystique. Par leur calme, leur sobriété, les phrases de Flaubert (« [...] elle le poussa doucement. Il tomba par terre. Il était mort. ») contrastent volontairement avec l'interminable agonie d'Emma, ponctuée de tous les symptômes médicaux et son « rire atroce, frénétique, désespéré ». Si l'on peut dire après cela de madame Bovary : « Elle n'existait plus », de Charles au contraire on voudrait conclure qu'enfin il existe, qu'il ne sera pas remplacé, que la croix ne fait pas d'Homais le réel vainqueur de ce combat de toute façon vain.

On peut revenir, pour conclure, sur le premier chapitre et relire autrement cette remarque en apparence incidente du narrateur qui crée avec le lecteur une complicité vis-à-vis de Charles :

> « *Il serait maintenant impossible à aucun d'entre nous de se rien rappeler de lui.* »

Peut-être un des mystères du roman tient-il au statut particulier de cet homme ordinaire tiré de l'oubli et qui, comme Emma, et peut-être davantage encore, illustre la profonde ambivalence de Flaubert vis-à-vis de ses personnages, lui qui écrivait :

« Je ne veux avoir ni amour, ni haine, ni pitié, ni colère. Quant à la sympathie, c'est différent : jamais on n'en a assez. [...] *Notre cœur ne doit être bon qu'à sentir celui des autres. »*

mais aussi :

« Si la Bovary vaut quelque chose, ce livre ne manquera pas de cœur. L'ironie pourtant me semble dominer la vie. »

Mais c'est évidemment avec Emma qu'on atteint le comble à la fois d'une symbolisation qui la fait accéder au mythe et de la complexité du personnage et des rapports que Flaubert entretient avec elle.

Emma

Emma Bovary est sans doute, avec la princesse de Clèves, l'un des personnages les plus fascinants et les plus troublants de la littérature française. Comment une petite provinciale, habitant une petite bourgade normande du XIXe siècle, a-t-elle pu devenir un véritable mythe littéraire, au point de donner son nom à une façon particulière d'être au monde : le « bovarysme » ?

Un personnage insaisissable

- *Un portait physique simplement esquissé*

Si le roman se présente comme une longue biographie, il paraît bien difficile de se faire une idée précise du physique d'Emma ; on la découvre, en effet, à partir de quelques détails que surprend le regard de ceux qui l'observent et qu'elle séduit : Charles, Léon, Rodolphe et Justin. On apprend ainsi qu'elle a de longs cheveux noirs qu'elle relève en bandeaux ; qu'elle a un nez droit ; que ses mains ne sont pas très belles mais que ses ongles, taillés en amande, sont étonnamment blancs ; que ses lèvres ombragées d'un léger duvet noir sont charnues et qu'on découvre, quand elle les entrouvre, des dents blanches au « bout nacré ».

Certes **tous ces détails lui assurent une présence effective** aux yeux du lecteur, **mais ils n'en constituent pas une véritable représentation**, au sens pictural du terme, comme le sont les portraits de Balzac. D'autant que certains éléments sont loin d'être clairement définis. Sa voix, par exemple, est-elle faible, « molle », ou aiguë ? Ses yeux sont-ils noirs, bruns ou bleus ? Tout semble dépendre, en fait, des circonstances et de la perspective qu'adoptent ceux qui l'observent ; si bien que le lecteur est autorisé, sinon encouragé, par le narrateur, à se représenter Emma comme il l'entend et à connaître un trouble comparable à celui de ses amants. Lors des comices, au moment où Rodolphe la contemple du coin de l'œil, Flaubert note ainsi : « Son profil était si calme qu'on n'y devinait rien » au point que le séducteur, pourtant sûr de lui, se demande : « Se moque-t-elle de moi ? » (II, 8) De même Léon, en voyant « cette femme à taille mince », près d'un mari aussi épais (dans tous les sens du terme) se pose la question : « comment arriver jusqu'à elle ? » (II, 5)

Le lecteur ne peut donc qu'imaginer les raisons pour lesquelles les personnages succombent d'emblée à **son charme physique** ; en tout cas la plupart des éléments dont il dispose correspondent aux parties du corps (les yeux, le nez, la bouche, les pieds) que Bournisien oindra lors de l'extrême-onction, pour absoudre les péchés de la chair dont la mourante a pu se rendre coupable. Emma séduit, peut-être, par l'érotisme qu'elle dégage physiquement.

- *Un caractère complexe*

Son portrait moral, en revanche se révèle autrement plus précis et plus complexe. C'est sans doute pourquoi les critiques les plus éminents de la fin du XIXe siècle en cherchant à justifier son destin par son caractère, sont parvenus à des conclusions fort différentes et pour le moins opposées. Pour Jules Lemaître, par exemple, elle est **« nerveuse », « gouvernée par la sensualité et la vanité**[1] » Brunetière, d'accord sur ce point, se montre néanmoins plus prolixe :

> *« Elle est sotte, mal élevée, prétentieuse ; ni tête ni cœur ; fausse, avide, par instants même froidement et bêtement cruelle ; mais comme ses sens exaspérés par la privation de ce qu'elle n'a jamais connu, sont devenus fins et subtils*[2] *! »*

Pour Emile Faguet, **« elle n'est pas précisément une sensuelle ; avant tout c'est une romanesque**[3] **»**.

Quelques années plus tard, Albert Thibaudet cherche à concilier ces points de vue contradictoires en ajoutant une nouvelle touche au portrait :

> *« C'est donc bien, après la femme sensuelle qu'y voit Brunetière, la femme romanesque qu'y voit Faguet. Mais c'est encore autre chose.* ***C'est une malchanceuse***[4]*. »*

Bref : **Emma apparaît comme un personnage complexe, protéiforme**, et pour tout dire insaisissable. Pourquoi ?

- D'abord parce que Flaubert la présente de manière souvent paradoxale comme pour justifier le trouble qu'elle suscite et la séduction qu'elle opère, consciemment ou non. C'est particulièrement évident pour Léon quand elle le retrouve dans une chambre d'hôtel à Rouen (III, 5) :

1. Jules Lemaître, *Les contemporains : études et portraits littéraires*, 1886, p. 68.
2. Ferdinand Brunetière, *Le Roman naturaliste*, 1883, p. 170.
3. Emile Faguet, *Flaubert*, 1899.
4. Albert Thibaudet, *Gustave Flaubert : sa vie, ses romans, son style*, 1922, p. 106.

« Par la diversité de son humeur, tour à tour mystique ou joyeuse, babillarde, taciturne, emportée, nonchalante, elle allait rappelant en lui mille désirs, évoquant des instincts ou des réminiscences. Elle était l'amoureuse de tous les romans, l'héroïne de tous les drames, le vague elle *de tous les volumes de vers. »*

– Ensuite, et peut-être surtout, parce qu'**elle est déterminée par les circonstances** qu'elle traverse et qui la font évoluer sans cesse : elle est un être en devenir. Par exemple, avec Charles, après le bal à la Vaubyessard, elle « devenait difficile, capricieuse. [...] blâmant ce que l'on approuvait et approuvant des choses perverses ou immorales, ce qui faisait ouvrir de grands yeux à son mari » ; et avec Rodolphe, « par l'effet seul de ses habitudes amoureuses, [elle] changea d'allure, ses regards devinrent plus hardis, ses discours plus libres » (II, 10) ; au contraire, après la rupture, « elle voulut devenir une sainte » (II, 14) ; et avec Léon, à la fin (III, 5), « elle devenait irritable, gourmande et voluptueuse ».

Partagée entre des sentiments, des émotions, des désirs contradictoires, **elle n'a pas véritablement d'être défini ou plutôt elle a l'être qu'elle emprunte aux héros de ses lectures** romantiques, en fonction de ses besoins, de ce qui peut contribuer à « la consommation immédiate de son cœur ». D'où cette impression, parfois, de duplicité, voire d'hypocrisie du personnage. Au couvent, à confesse, elle invente de « petits péchés pour entendre les paroles de fiancé, d'époux [...] qui reviennent dans les sermons » (I, 6) ; et elle sait dissimuler ses sentiments, au départ de Léon, pour donner d'elle une image flatteuse :

« Les bourgeoises admiraient son économie, les clients sa politesse, les pauvres sa charité.
Mais elle était pleine de convoitises, de rage, de haine » (II, 5).

En l'occurrence, elle est parfaitement consciente du rôle qu'elle joue puisque Flaubert ajoute qu'elle « avait des dégoûts, cependant, de cette hypocrisie ».

Mais ce n'est pas toujours le cas. Le plus souvent, en effet, **elle ne fait guère preuve de lucidité sur elle-même**, comme si elle jouait malgré elle. Avec une certaine ironie, le narrateur, à plusieurs reprises, dévoile d'ailleurs son aveuglement :

« Elle ne savait pas que, sur la terrasse des maisons, la pluie fait des lacs quand les gouttières sont bouchées » (II, 4).
« Et ce fut sans en avoir conscience qu'elle s'achemina vers l'église » (II, 6).

Il est vrai qu'il nuance parfois son propos grâce à des modalisateurs* (sans doute, peut-être) ou des formes interrogatives, comme si une affirmation catégorique n'était pas possible :

« Était-ce sérieusement qu'elle parlait ainsi ? » (III, 1)

Cette incapacité d'Emma à s'analyser et du narrateur, et/ou du lecteur à la comprendre, trouve son illustration la plus subtile dans **l'usage systématique du discours indirect libre**, l'un des procédés les plus originaux du roman. Les nombreux monologues intérieurs d'Emma se présentent en effet le plus souvent sous cette forme, avec une syntaxe émotive, constituée de juxtapositions paratactiques*d'interrogatives, d'exclamatives, qui correspondent à des émotions fortes, des sensations immédiates. Mais il ne s'agit jamais d'une délibération rationnelle. Ainsi, lorsqu'elle reçoit une lettre de son père (II, 10) se lamente-t-elle :

« Quel bonheur en ce temps-là ! quelle liberté ! quel espoir ! quelle abondance d'illusions ! Il n'en restait plus maintenant ! […] *Mais qui donc la rendait malheureuse ? » (II, 8)*

Le discours indirect libre place le lecteur dans l'embarras puisqu'il ne sait jamais si ces propos rapportés sont ceux d'Emma, s'ils le sont fidèlement ou s'ils ont subi le filtre critique du narrateur, avec la distance qu'impliquent l'utilisation de la troisième personne et de l'imparfait. La position du narrateur témoigne, en tout cas, des limites d'Emma et de son incapacité à formuler logiquement ce qu'elle ressent.

L'emploi de la conjonction « donc », dans l'exemple ci-dessus, redouble cette ambiguïté du discours indirect libre. Elle sert, comme toujours dans le roman pour Emma, de ponctuation et traduit une émotion forte, une sensation, une crainte ou un espoir, non pas une réflexion ; alors qu'elle a toujours le caractère logique d'une conclusion pour le narrateur. Qu'on compare ainsi ce que se dit Emma, exaspérée par la médiocrité de son mari : « Pour qui donc était-elle sage ? N'était-il pas, lui, l'obstacle à toute félicité ? », à la conclusion qu'en tire le narrateur : « Donc, elle reporta sur lui seul la haine nombreuse qui résultait de ses ennuis. »

De la même manière la présence d'images (comparaisons ou métaphores*) pour prolonger une réflexion révèle les limites d'Emma, son manque d'imagination, la « fausse poésie » dont Flaubert la pare dans une de ses lettres. Mais elle révèle également **une intimité étonnante entre l'auteur et son personnage**. Ainsi, au moment où Emma commence à être déçue par son mari, le narrateur semble s'interroger avec le personnage :

« Mais comment dire un insaisissable malaise, qui change d'aspect comme les nuées, qui tourbillonne comme le vent ? Les mots lui manquaient donc, l'occasion, la hardiesse. » (I, 7)

Par les comparaisons, qui sont souvent comme un ajout du narrateur, Flaubert, en effet, paraît rabaisser Emma, incapable de formuler son mal de vivre ; mais, en même temps, il vient en quelque sorte pallier la défaillance de son héroïne, en dévoilant implicitement, comme le remarque Jeanne Bem[1], « sa propre manière de sentir », l'expérience de sa maladie nerveuse, **la même fêlure interne, ce « mélange de solitude et d'incommunicabilité »** qu'il partage avec elle.

À l'évidence, Emma exerce une fascination sur les personnages du roman mais aussi sur le lecteur et sur Flaubert comme en témoignent les expressions « ma Bovary » ou « ma petite femme » qu'il utilise constamment dans sa correspondance : elle paraît tout à la fois l'irriter, l'ennuyer et le séduire.

Une héroïne tragique

Faute de se comprendre ou de comprendre ce qui lui arrive, **Emma préfère accuser la fatalité du malheur qui la poursuit**. C'est le cas, par exemple, lorsqu'elle attend un événement qui romprait la monotonie de sa vie, après son mariage : « Mais pour elle rien n'arrivait, Dieu l'avait voulu ! » (I, 9), ou quand, à la fin du roman, Rodolphe vient de lui refuser l'aide financière qui pourrait la sauver : « Il lui semblait que la Providence s'acharnait à la poursuivre » (III, 7). Une réflexion, qui paraît émaner du narrateur plus que de Léon, évoque même, avec quelque restriction il est vrai, la marque du destin : « Ne semblait-elle pas [...] porter au front la vague empreinte de quelque prédestination sublime ? » (II, 5).

Dans l'ensemble, d'ailleurs, le roman donne **l'impression d'une suite de hasards providentiels** ou d'un enchaînement fatal conduisant Emma, de désillusions en désillusions, jusqu'au suicide final. Albert Thibaudet parle même à propos

1. Flaubert, *Œuvres complètes, 1851-1862*, La Pléïade, p. 1124.

de *Madame Bovary* d'un « roman de l'échec, de la guigne, d'un engrenage de circonstances [...] défavorables ». Faut-il pour autant, comme le fait Emma, en accuser le destin, dans un monde où Dieu, en la personne du curé Bournisien, paraît désespérément sourd à la souffrance de la jeune femme ?

• *Une intoxication littéraire*

Le romancier et critique Paul Bourget parle, à propos d'Emma, d'une « pensée égarée par un faux idéal, par une littérature inférieure », elle souffre même, écrit-il, d'une « intoxication littéraire ». De fait, **l'héroïne de Flaubert est aveuglée par les lectures faites au couvent**, par tous les clichés romantiques qu'elle en a retenus et à partir desquels elle interprète la réalité. Elle pense d'ailleurs, peu après son mariage, que « tout ce qui [l'entoure] immédiatement, campagne ennuyeuse, petits bourgeois imbéciles, médiocrité de l'existence » est « une exception dans le monde » (I, 9).

Si sa vie est une suite d'échecs, c'est, pour une bonne part, à cause de cet aveuglement. Elle ne découvre, par exemple, la médiocrité de Charles qu'après l'avoir épousé (I, 7) :

> *« – Pourquoi, mon Dieu me suis-je mariée ?*
> *Elle se demandait s'il n'y aurait pas moyen, par d'autres combinaisons de hasard, de rencontrer un autre homme »*

Cet homme que lui offre le hasard, c'est d'abord Léon ; mais dans un premier temps, elle n'a pas conscience des sentiments qu'elle éprouve pour lui, ou ne veut pas les reconnaître : « Elle ne s'interrogea point pour savoir si elle l'aimait » (II, 4) ; et quand elle s'en rend compte, il est trop tard (II, 7) :

> *« Ah ! il était parti, le seul charme de sa vie, le seul espoir possible d'une félicité ! Pourquoi ne l'avoir pas retenu à deux mains, à deux genoux quand il voulait s'enfuir ? »*

Elle ne devine pas non plus la stratégie de Rodolphe, quand il lui débite, lors des comices, les lieux communs romantiques, en sachant qu'il va ainsi la séduire : « On s'est entrevu dans ses rêves ». Il joint même le geste à la parole : « Et en achevant ces mots, Rodolphe ajouta la pantomime à sa phrase. » L'ironie contenue dans le mot pantomime, qui sous-entend un manège ridicule, prouve assez que **la naïveté d'Emma, sa méconnaissance du monde, une certaine sottise aussi, sont en grande partie responsables de ses malheurs**.

La répétition de ses échecs pourrait relever d'un registre comique si elle n'était pas présentée au lecteur comme une fatalité. En effet, on perçoit, bien avant elle, les défauts des personnages et l'on pressent qu'elle sera inévitablement déçue. On connaît, par exemple, la médiocrité de Charles, dès le premier chapitre du roman, et la rouerie de Rodolphe, dès l'épisode de la saignée. Dans les deux cas d'ailleurs, le point de vue sur le personnage exclut Emma. C'est par la focalisation* interne d'un « nous » qu'on découvre Charles, en (I, 1) et par un regard omniscient du narrateur qu'est dévoilée la nature profonde de Rodolphe (II, 7) :

> *« M. Rodolphe Boulanger avait trente-quatre ans ; il était de tempérament brutal et d'intelligence perspicace, ayant d'ailleurs beaucoup fréquenté les femmes et s'y connaissant bien. »*

Cette incapacité d'Emma à voir la réalité en face est sans doute la raison pour laquelle **son destin s'incarne finalement dans un personnage symbolique, l'aveugle**, ce « pauvre diable » rencontré à deux reprises sur la route de Rouen (III, 5 et III, 7) et qui réapparaît à l'agonie d'Emma (III, 8).

• *La dépendance de la loi*

Mais Emma n'est pas seulement victime d'elle-même ; **elle est aussi victime de la société et des contraintes auxquelles elle est soumise**, comme toutes les femmes de son temps. Elle ne peut vivre en effet ses aventures amoureuses, assouvir ses désirs qu'en les dissimulant, en mentant, parce qu'une femme, dans cette société bourgeoise du XIXe siècle, est « empêchée continuellement », qu'elle a « contre elle les mollesses de la chair avec les dépendances de la loi » et qu'il y a, enfin « toujours quelque désir qui entraîne, quelque convenance qui retient » (II, 3). Les bourgeoises d'Yonville, Mme Tuvache en tête, comme son nom l'indique, sont d'ailleurs là pour rappeler que les femmes ne doivent pas se compromettre en agissant comme les hommes, et que celles qui font des avances, comme Emma croit-elle avec Binet, mériteraient d'être fouettées (III, 7).

Par ailleurs, Emma découvre, dans sa frénésie d'achats, qu'**elle n'a aucune autonomie financière** et que, même si son mari est accommodant, il lui faudra mentir pour lui extorquer une procuration, autrement dit obtenir une certaine liberté. Mais son ignorance des affaires et des « questions d'argent » rendent cette liberté dangereuse dans la mesure où elle en fait une proie idéale pour Lheureux, le marchand cauteleux, cette autre incarnation, bourgeoise celle-là, du « fatum » tragique.

Enfermée dans le cercle vicieux d'une dépendance insupportable et d'une liberté impossible ou dangereuse, Emma apparaît donc comme un personnage de tragédie.

• *Un personnage de tragédie*

Perpétuellement acculée, par sa conduite et sa condition, au mensonge et à la dissimulation, **Emma n'a d'autre moyen que de jouer la comédie pour satisfaire ses désirs**, ses convoitises et ses passions.

Avec la mère de Charles, par exemple, elle échange, au début de son mariage, des « paroles douces d'une voix tremblante de colère » (I, 7), et après avoir failli être découverte en compagnie de Rodolphe, elle se montre avec sa belle-mère « plus docile et même [pousse] la déférence jusqu'à lui demander une recette pour faire mariner les cornichons » (II, 12). Avec son mari également, pour ne pas éveiller ses soupçons, elle joue à l'épouse vertueuse ; mais pour Rodolphe, elle se métamorphose : elle se lime les ongles, se charge de bracelets et de bagues, se met du patchouli… et dispose son appartement et sa personne « comme une courtisane qui attend un prince » (II, 11). Elle imite, en quelque sorte, les héroïnes des romans qu'elle a lus, mais **comme une comédienne de vaudeville**.

Pourtant **la comédie devient dramatique lorsque les dettes s'accumulant, elle doit faire appel à l'aide et se retrouve seule** face à son destin. Elle devient alors une **héroïne tragique**, mais sans confidente pour la conseiller. Dans la dernière scène avec Rodolphe (III, 8) elle trouve même les accents d'une tragédienne classique, au moment de la catastrophe : elle passe ainsi du vouvoiement, « Je voudrais vous demander », au tutoiement affectueux ou provocant, « Ô Rodolphe ! si tu savais !… je t'ai bien aimé », pour finir par un « il », méprisant, au moment de le quitter :

> *« Et puis, quand je reviens vers lui, vers lui qui est riche, heureux, libre ! pour implorer un secours que le premier venu rendrait, suppliante et lui rapportant toute ma tendresse, il me repousse ».*

Elle trouve même, dans cette longue scène, des accents digne de la Bérénice de Racine[1] au moment de la rupture

1. *Bérénice*, pièce de Racine représentée en 1670.

avec l'empereur Titus : « Ce sont de tristes charmes, mon ami, puisque vous les avez dédaignés. »

Elle met d'ailleurs en scène sa propre mort avec une solennité digne des grandes tragédiennes :

> « *Elle s'assit à son secrétaire et écrivit une lettre qu'elle cacheta lentement* [...]. *Puis elle dit d'un ton solennel : "Tu la liras demain"* [...] *Et elle se coucha tout du long sur son lit. » (III, 8)*

Certains critiques de l'époque avaient imaginé une autre fin pour Emma ; beaucoup la voyaient se prostituer. Une telle fin cependant aurait été un contresens : c'était, en effet, faire de sa chute et de l'oubli de ses devoirs d'épouse et de mère (comme aurait dit Me Pinard), les prémices d'une déchéance physique et morale. D'autres ont critiqué le caractère trop réaliste de la description des signes cliniques de l'empoisonnement ; ce réalisme évite, en fait de tomber dans le pur mélodrame.

Flaubert a sans doute voulu, faire de cette mort, non pas un rachat moral ou religieux, mais **une fin impressionnante pour le lecteur et une apothéose pour le personnage** : « [...] ce dont je ne doute pas, c'est du cadavre. Il faudra qu'il vous poursuive », écrit-il à Louise Colet dans une lettre du 16 septembre 1853. Avec son suicide, Emma ne vieillira pas. Elle peut devenir un personnage mythique.

Un personnage mythique

Au moment où il écrit *Madame Bovary*, Flaubert lit, entre autres livres, le *Faust* de Goethe (1808-1831) et projette de composer une œuvre sur Don Juan (*Une nuit de Don Juan*). Si l'on ajoute la connaissance approfondie du *Don Quichotte* (1605-1616) de Cervantès, qu'il a lu et relu depuis sa jeunesse, on voit à quel point, **il est imprégné des grands mythes**

littéraires européens. Peut-on parler de mythe, à propos de madame Bovary, une héroïne marquée par son époque et nettement individuée, tant au niveau du physique que du caractère, alors que le mythe, précisément relève de l'universel et de l'intemporel ?

- *Un type littéraire*

Dans une lettre à Louise Colet (du 14 août 1853), Flaubert affirme que plus d'une femme se reconnaîtra dans son personnage : « Ma pauvre Bovary, sans doute, souffre et pleure dans plus de cent villages de France, à la fois, à cette heure. » Il prétend ainsi, donner une portée générale à son œuvre et à son personnage, en faire un type littéraire. Une lettre d'une de ses premières admiratrices, Mlle Leroyer de Chantepie, datée du 18 décembre 1856, d'ailleurs confirme qu'il a pleinement réussi : « Je me suis identifiée à son existence au point qu'il me semblait que c'était elle (Emma) et que c'était moi. »

« Madame Bovary, c'est nous », écrit Yvan Leclerc[1] pour montrer comment l'expérience individuelle de l'héroïne de Flaubert vaut pour l'ensemble des lecteurs que le narrateur interpelle parfois par un « vous » au destinataire indifférencié, comme dans l'exemple suivant qui se situe au moment où Emma se lamente après le départ de Léon :

> *« C'était cette rêverie que l'on a sur ce qui ne reviendra plus, la lassitude qui vous prend après chaque fait accompli. » (II, 7)*

Madame Bovary représente, en fait, un type de femme romanesque, plus précisément « ce type d'amoureuse qu'elle avait tant envié » (II, 10). Mais c'est aussi **un type de femme**

1. Dans le chapitre intitulé : « Comment une petite femme devint mythique » (*Emma Bovary, Figures mythiques*, Éditions Autrement, p. 19).

« malchanceuse », comme l'a remarqué Thibaudet, parce le monde n'étant jamais à la hauteur de ses rêves, elle va d'échecs en échecs.

Jules de Gaultier désigne sous le nom de « bovarysme » cette faculté particulière qui permet à madame Bovary « prise d'admiration pour l'idéal romantique, de se croire la représentante de cet idéal ». Mais de ce cas individuel et pathologique, il tire aussitôt un principe universel et atemporel : **le « bovarysme »**, ajoute-t-il, c'est « la faculté de l'être de se concevoir autrement qu'il n'est[1] ». L'héroïne de Flaubert **prend dès lors la dimension métaphysique* d'un mode d'être et le caractère mythique d'une représentation collective**.

Le suffixe « isme » accolé à Emma Bovary fait d'ailleurs penser à d'autres héros mythiques bien connus de Flaubert : Don Quichotte et Don Juan ; il y a en effet une filiation entre ces deux personnages et Emma, et l'on peut parler à son propos de don quichottisme ou de don juanisme.

• *Emma et Don Quichotte*

Don Quichotte, par exemple, est victime de ses lectures, comme l'héroïne de Flaubert, au point qu'il se prend pour un chevalier du Moyen Âge et devient fou :

> « *Si bien qu'à force de dormir peu et de lire beaucoup, il se dessécha le cerveau, de manière qu'il vint à perdre l'esprit. Son imagination se remplit de tout ce qu'il avait lu dans les livres, enchantements, querelles, défis, batailles, blessures, batailles, blessures, galanteries, amours, tempêtes et extravagances impossibles*[2]. »

---

1. Jules de Gaultier, *Le Bovarysme : la psychologie dans l'œuvre de Flaubert*, 1892, p. 18.
2. Cervantès, *Don Quichotte de la Manche*, traduction Louis Viardot, GF-Flammarion, p. 52.

En décalage avec la société de leur temps, les deux héros, ou plutôt anti-héros, vont d'échecs en échecs ; mais si Don Quichotte se bat contre des moulins à vent, autrement dit contre les fictions nées de son cerveau malade, **Emma ne sombre jamais dans la folie** ; même hallucinée, après la rupture avec Rodolphe (II, 13), et à la suite de son refus de l'aider (III, 8), elle ne perd jamais complètement de vue la réalité : « La folie la prenait, elle eut peur et parvint à se ressaisir, d'une manière confuse il est vrai » (III, 8). C'est pourquoi **elle n'a ni la grandeur tragique ni le caractère comique de l'hidalgo** ; ses échecs ne relèvent pas de l'épopée burlesque.

• *Emma et Don Juan*

Tout autre est le rapport avec Don Juan. **Comme le séducteur de Séville, Emma n'a pas de détermination physique d'ensemble**, comme si la séduction qu'elle opère avait quelque chose d'abstrait, de généralisable à l'ensemble des femmes. **Comme Don Juan, également, elle est mue par un désir avant tout charnel**, que Flaubert mentionne à plusieurs reprises en parlant de ses « appétits de la chair » (II, 5), en relevant que « ses désirs s'augmentant d'un regret, n'en devenaient que plus actifs » (II, 7) et en la présentant, à la fin comme une femme « brûlée par cette flamme intime que l'adultère avivait, haletante, émue, tout en désir » (III, 6).

Mais ce désir purement physique s'oppose, dès le couvent, à **des phases d'élan mystique et de soif d'absolu** qui se manifesteront à plusieurs reprises au cours du roman, par

---

On pourra confronter ce passage, au passage suivant de *Madame Bovary* : « Dans l'orgueil de sa dévotion, Emma se comparaît à ces grandes dames d'autrefois dont elle avait rêvé sur un portrait de la Vallière. » (II, 14)

exemple, après la rupture avec Rodolphe, au moment de sa convalescence (II, 14) :

> *« Elle entrevit parmi les illusions de son espoir, un état de pureté flottant au-dessus de la terre, se confondant avec le ciel où elle aspira d'être. Elle voulut devenir une sainte. »*

Cette **opposition radicale entre la sensualité et le mysticisme** est préfigurée dans le scénario d'*Une nuit de Don Juan*, que Flaubert envisage d'écrire en 1850. Le portrait des deux personnages, une jeune religieuse Anna Maria et Don Juan, est ainsi esquissé :

> *« Aspirations de chair et d'amour vrai (complétant l'amour mystique), en parallèle avec les aspirations dévergondées de Don Juan qui a eu, dans ses autres amours, surtout aux moments de lassitude, des besoins mystiques*[1]*. »*

On le voit, Emma non seulement réalise **la synthèse des deux personnages**, mais elle apparaît aussi comme une sorte de double de Don Juan. D'ailleurs elle se comporte à l'occasion de façon virile : avec Rodolphe, elle porte un chapeau d'homme, se coiffe avec une raie, « comme un homme », se promène avec son amant une cigarette à la bouche « comme pour narguer le monde ». Baudelaire l'avait déjà remarqué : **elle est une sorte de « bizarre androgyne »** qui « a gardé toutes les séductions d'une âme virile dans un charmant corps féminin ». Ni bonne épouse, ni mère aimante, elle trouble l'ordre social et l'ordre dit naturel, en étant une femme adultère, une mère marâtre et une amante dominatrice, du moins avec Léon : « Il devenait sa maîtresse plutôt qu'elle n'était la sienne. »

---

1. Flaubert, *Œuvres complètes (1851-1882)*, Bibliothèque de la Pléiade, p. 1034.

Mais **cette attitude se heurte à la loi**, aux convenances et aux contraintes de la condition féminine au XIXe siècle, on l'a vu. Si elle est obligée de mentir, ce n'est pas par une volonté délibérée de provocation, comme Don Juan, mais par nécessité et par dépit. On comprend pourquoi elle souhaiterait avoir un fils, « un homme, au moins, est libre » et pourquoi, à la fin, elle s'en prend aux hommes (III, 7) : « Elle aurait voulu battre les hommes, leur cracher au visage, les broyer tous ». Pourtant elle doit se contenter de paroles plus que d'actes. Elle est seule.

Parallèlement à cette liberté revendiquée, elle cherche aussi à se libérer de sa dépendance économique (qui est celle des femmes de son époque), en mentant à son mari, à Lheureux pour avoir des délais, à l'instar du Don Juan de Molière avec monsieur Dimanche. Et bien que ruinée, elle se montre « grand seigneur » avec l'aveugle, en lui jetant une pièce de cinq francs, pour la beauté du geste. Mais il n'y a pas, chez elle, de volonté de défier le Ciel en exigeant un blasphème, comme Don Juan avec le pauvre. Pourtant **l'aveugle joue**, à l'égard d'Emma, **un peu le rôle de la statue du Commandeur**, vis-à-vis de Don Juan, notamment à la fin quand sa chanson accompagne ironiquement l'agonie de la jeune femme (III, 8) :

> *« L'aveugle ! s'écria-t-elle.*
> *Et Emma se mit à rire, d'un rire atroce, frénétique, désespéré, croyant voir la face hideuse du misérable, qui se dressait dans les ténèbres éternelles comme un épouvantement. »*

Mais Emma ne semble pas promise aux flammes de l'enfer, tout juste vouée au néant ; **aussi n'a-t-elle pas la grandeur tragique du noble séducteur provoquant seul l'au-delà** au nom de l'humanité ; elle a cependant la grandeur héroïque d'une petite bourgeoise du XIXe siècle, enfermée dans sa solitude, déçue dans ses passions et contrainte à la dissimulation par une société qui refuse aux femmes la liberté qu'elle accorde aux hommes.

Malgré de nombreuses différences, ne serait-ce que de conditions, d'époque et de milieu, **Emma est donc, d'une certaine façon, la fille de Don Quichotte et de Don Juan**. Elle est comme la synthèse de ces deux personnages mythiques.

Comme Don Quichotte, elle est « un mythe parce qu'elle est fabriquée comme un modèle logique qui, sinon résout, du moins montre au vif la contradiction majeure : celle des rapports problématiques entre vivre et lire[1] ».

Mais elle doit également à Don Juan, tel que le conçoit Flaubert dans *Une nuit de Don Juan*, l'opposition entre l'attrait de la chair et l'aspiration à un idéal mystique, et emprunte plus généralement, à ce personnage mythique légué par la tradition, la quête d'une identité propre à travers la revendication d'une liberté individuelle chèrement payée.

La satire

Si Flaubert revendique régulièrement son impersonnalité, cette dernière ne coïncide pas avec l'impartialité. Bien au contraire même, elle représente en fait pour Flaubert l'arme la plus efficace contre tous ses vieux ennemis.

En haine de la Bêtise

Très jeune, Flaubert s'est lancé dans une croisade infinie qui de fait l'occupera sa vie durant : dénoncer la Bêtise. Cette dernière se confond avec le personnage du bourgeois content

1. Yvan Leclerc, article cité, p. 23.

de lui dont la caricature, Monsieur Prudhomme, a été créée en 1830 par Henry Monnier dans les *Scènes de province*. *Madame Bovary* est peuplé de personnages qui s'y apparentent ; Flaubert ne semble épargner personne et la satire se révèle d'autant plus efficace que le romancier, en apparence absent de son œuvre, objectif, semble laisser ses personnages se détruire eux-mêmes.

Le cadre

Flaubert semble s'inspirer de la méthode balzacienne quand il plante le décor avant l'entrée en scène des personnages. Cependant, il ne se contente pas de proposer la description réaliste d'un cadre qui, par ailleurs, annonce déjà la nature de ses occupants à la façon de l'habitat adapté à tel ou tel animal (sur le modèle des naturalistes comme Buffon chers à l'auteur de *La Comédie humaine*). Il y adjoint aussi **une dimension ironique et satirique**.

La maison du notaire, censée être « la plus belle du pays », se révèle en fait étriquée avec son « rond de gazon », prétentieuse avec ses éléments décoratifs convenus ou ses « panonceaux » qui « brillent ». Quant à l'« Amour » qui y trône, il a le « doigt posé sur la bouche » et semble inviter à la discrétion sur les pratiques du propriétaire. La dernière scène avec Emma nous en livrera peut-être la clef.

La pharmacie, tout en devanture, façade et vitrine, trahit elle aussi la vanité de son propriétaire étalant sur « l'enseigne, qui tient toute la largeur de la boutique [...] en lettres d'or : *Homais, pharmacien* ». Sous la prétention de ce titre affiché – et « répét[é] encore une fois » plus loin, l'ironie de Flaubert nous invite à lire au contraire ce à quoi justement se limite le personnage, ce qui le borne et le circonscrit à la manière d'une tautologie. La liste d'inscriptions propose une accumulation disparates de produits au milieu desquels le nom de l'apothicaire semble lui aussi celui d'une potion. Pour Homais, quoi qu'il en soit, l'écriture est surtout affaire de *belles lettres*, entendons « en anglaise, en ronde, en moulé ».

L'église, comme assiégée par son cimetière, a précocement vieilli et n'a pas les moyens de ses prétentions. Elle apparaît surtout comme un instrument de pouvoir : son organisation reflète la hiérarchie sociale avec le nom sur les bancs de notables. Mais Flaubert adopte une formule qui, paradoxalement et ironiquement, signe l'anonymat : « Banc de M. un tel. »

Le nom

On sait l'attention que Flaubert attribue au choix du nom de ses personnages, même les plus secondaires. Dans ce domaine aussi, ce n'est pas le simple réalisme qui le lui dicte mais souvent quelque **malice ironique**.

On a relevé les allusions aux bovins, dans le nom de Charles bien sûr, mais aussi de Tuvache ou de la future de Léon, mademoiselle Léocadie Lebœuf. Le sinistre Binet porte le nom d'un petit chandelier qui sert à brûler la chandelle jusqu'au bout, à moins qu'il n'évoque l'outil de jardinage bien prosaïque, voire la binette qui désigne en argot une figure avec l'idée de laideur et de ridicule. Bournisien semble résumer dans les syllabes de son nom toute la niaiserie d'un bourg de campagne et de ses paroissiens vaniteux, comme le conseiller Lieuvain, si bien nommé lui aussi. Hivert ne peut être que le cocher de l'*Hirondell*e qui, on le sait bien, ne fait pas le printemps. D'autres personnages – sont-ils plus épargnés ? – n'affichent dans leurs noms que la **platitude**, que rehausse subtilement et ironiquement par contraste le plus respectable « Monsieur » dans « M. Léon

Dupuis » par exemple. Même le propriétaire de la Huchette qui se donne des allures de gentilhomme campagnard voit les consonances plus romantiques de son prénom[1] aussitôt ruinées par le trivial de son patronyme. Que dire de l'éminent professeur Larivière guère plus gâté que maître Hareng. On peut réserver une mention spéciale à Lheureux à qui, en effet, tout réussit, toujours insensible aux malheurs des autres qu'il provoque et annonce par l'ironie tragique de son nom, ainsi qu'à Homais, nom forgé sur « homo », l'homme en latin, l'humain, dont il condense en effet toutes les prétentions, les vanités et les bassesses. Son ridicule se reproduit d'ailleurs, au sens propre, dans celui des prénoms de ses enfants, Napoléon, Franklin, Irma et Athalie[2] !

La caricature

Flaubert semble encore suivre une méthode éprouvée qu'on pourrait qualifier de réaliste, en proposant à ses lecteurs un portrait physique de ses personnages à leur entrée en scène. Cependant, dans cet exercice aussi, sa façon de faire, malgré des rapprochements, se distingue en fait nettement de ce qu'on pourrait appeler le modèle balzacien. Si l'auteur de *La Comédie humaine* use parfois d'une focalisation externe* à l'apparition d'un personnage, par exemple Crevel à la

1. On peut rappeler son usage dans la poésie de Musset ou songer au héros des *Mystères de Paris* d'Eugène Sue publiés de 1842 à 1843. Rodolphe Boulanger n'a cependant rien d'un grand duc de Gerolstein !
2. Ce quatuor improbable se révèle très instructif sur le père, ses prétentions, mais aussi ses contradictions : Napoléon, un despote, y côtoie Franklin incarnant la liberté. On ménage le classicisme tout en faisant « une concession au romantisme ». L'efficacité de l'ironie repose encore une fois aussi sur le fait que le romancier ne semble que traduire la profession de foi du pharmacien et, quand il s'exprime, s'en tenir à une simple hypothèse très neutre (« Irma, peut-être, était une concession »).

première page de *La Cousine Bette* (« [...] un gros homme de taille moyenne, en uniforme de capitaine de la garde nationale »), très vite la voix du narrateur se fait entendre pour se moquer du goût bourgeois pour les uniformes ou traduire en notations psychologiques des traits physiques (« La physionomie de ce capitaine [...] respirait un contentement de lui-même qui faisait resplendir son teint rougeaud »).

Chez Flaubert au contraire, **on s'en tient parfois à l'apparence** :

> « *Un homme vêtu de noir* [...] *On distinguait, aux dernières lueurs du crépuscule, qu'il avait une figure rubiconde et le corps athlétique.* »

Cependant, **sous cette apparente objectivité, se profile déjà le caractère du personnage et le jugement de l'auteur** qui ne sera jamais explicité. On peut ici relever le contraste entre le caractère ténébreux et sombre de cette apparition crépusculaire et le physique de bon vivant. Cette opposition entre « le noir et le rouge » annonce et résume l'abbé Bournisien foncièrement jouisseur sous son austère soutane. On trouve un procédé analogue avec Homais :

> « *Un homme en pantoufles de peau verte, quelque peu marqué de petite vérole et coiffé d'un bonnet de velours à gland d'or, se chauffait le dos contre la cheminée.* »

Dans ce cas cependant, le narrateur s'autorise un jugement, mais qui semble ne s'apparenter qu'à une description extérieure : « Sa figure n'exprimait rien que la satisfaction de soi-même. »

La véritable ironie réside dans ce que l'expression sous-entend : Homais est totalement inexpressif, il n'exprime, en parlant, en s'exprimant, que lui-même. Flaubert semble utiliser un procédé inverse avec Binet puisque son portrait moral précède sa description physique mais, en fait de portrait, on n'a guère que le jugement de l'aubergiste sur les habitudes d'un client. Quant aux traits physiques retenus, ils se révèlent eux aussi à double entente :

> *« Pas un poil ne dépassait la ligne de son collier blond, qui, contournant la mâchoire, encadrait comme la bordure d'une plate-bande sa longue figure terne ».*

Voilà un personnage austère et même rigoriste mais terne et plat. Quant au cercle de sa barbe rigoureusement taillée, il semble préfigurer son goût pour les ronds de serviette. Flaubert, il est vrai, ne peut s'empêcher de réapparaître *in fine* pour décocher à ce médiocre la flèche du Parthe dans un jugement plus général sur les catégories sociales : « [...] avec la jalousie d'un artiste et l'égoïsme d'un bourgeois ».

L'annulation par le jeu des paires

Une méthode efficace systématiquement adoptée par Flaubert pour, au sens propre, annuler ses personnages ridicules consiste à les dédoubler[1]. On trouve ainsi le beau-père et la belle-mère, les deux amants, les deux médecins, Guillaumin et Binet, et bien sûr Homais et Bournisien. Le romancier joue sur les contrastes : madame Bovary mère est aussi revêche que le père Rouault est affable, Rodolphe est aussi entreprenant que Léon est timide. Cependant, ces personnages formant couple jouent un rôle analogue dans la conduite du récit et surtout se révèlent en fin de compte les

1. Ce principe de dédoublement vaut aussi pour d'autres personnages que le ridicule épargne : les deux infirmes, Hippolyte et l'aveugle, recevant tous deux le don disproportionné d'Emma qui ainsi se rachète, Charles et Justin, deux amoureux transis. Les appariements peuvent aussi varier au cours du roman ; ainsi, Charles et le père Rouault se retrouvent dans leur expérience du deuil, Homais et Lheureux dans leur réussite insolente, etc.

deux faces d'une même médaille. Ainsi, les deux médecins prétendent-ils l'un et l'autre afficher leur supériorité et leur morgue mais ne sont guère pressés d'assumer la responsabilité de la mort d'Emma[1]. Ils se retrouvent finalement à la table d'Homais. Les deux amants affichent eux aussi la même lâcheté finale. Quant à Homais et Bournisien, las de leur passe d'armes, ils finissent par s'endormir de conserve :

> « *Ils étaient en face l'un de l'autre, le ventre en avant, la figure bouffie, l'air renfrogné, après tant de désaccord se rencontrant enfin dans la même faiblesse humaine ; et ils ne bougeaient pas plus que le cadavre à côté d'eux qui avait l'air de dormir.* »

L'objet métonymie* et métaphore*[2]

Si les objets semblent occuper une place considérable, c'est qu'ils jouent un grand rôle dans le portrait de personnages eux-mêmes réifiés, réduits à l'état de choses. L'objet se fait alors tout à la fois métonymie* et métaphore* de son propriétaire. L'exemple le plus révélateur demeure bien évidemment, l'inénarrable couvre-chef de Charbovari dans les premières pages du roman :

> « [...] *une de ces pauvres choses, enfin, dont la laideur muette a des profondeurs d'expression comme le visage d'un imbécile*[3]. »

---

1. Leurs noms les rapprochent : Canivet/caniveau et Larivière ne se distinguent guère que par leur débit car si la deuxième sonne moins sordide à l'oreille, elle se contente elle aussi de suivre son cours.
2. Voir le plan détaillé sur les objets dans le roman p. 222-227.
3. Cette description a bien sûr fait l'objet d'une multitude de commentaires. On pourra lire en particulier celui de Jean Ricardou dans *Nouveaux problèmes du roman*, essais, Seuil, collection « Poétique », Paris, 1978.

Il s'avère cependant impossible d'en traduire psychologiquement telle ou telle caractéristique, de les rattacher à Charles à la manière de symboles. Si sa casquette exprime Charles c'est en effet avec des « profondeurs » ou des détours qu'on ne saurait totalement expliciter et qu'illustre bien la chute :

> « [...] *d'où pendait, au bout d'un long cordon trop mince, un petit croisillon de fils d'or en manière de gland. Elle était neuve ; la visière brillait.* »

De même, au château de la Vaubyessard, les convives, pourtant présentés selon le point de vue d'Emma qui les idéalise, semblent avoir pris quelque chose des objets luxueux qui les environnent, se sont eux-mêmes fait choses. Toute la description des femmes se réduit en effet à une accumulation d'objets seuls sujets des verbes de la phrase :

> « [...] *les éventails peints s'agitaient, les bouquets cachaient des flacons tournaient les gants marquaient serraient les garnitures de dentelle, les broches de diamants, les bracelets frissonnaient scintillaient bruissaient* ».

Quant aux hommes :

> « *Ils avaient le teint de la richesse, ce teint blanc que rehaussent la pâleur des porcelaines, les moires du satin, le vernis des beaux meubles, et qu'entretient dans sa santé un régime de nourritures exquises*[1]. »

L'objet ne **vaut** pas d'ailleurs en lui-même mais plutôt **par les relations que Flaubert ménage entre lui et son propriétaire** avec souvent une ironie féroce. Ainsi de Rodolphe s'installant pour composer sa lettre de rupture et que le romancier

1. C'est surtout dans la dernière notation que perce cependant l'ironie de Flaubert revenant malgré tout aux nourritures terrestres si importantes dans le roman.

épargne d'autant moins qu'il offre ainsi la figure ridicule et odieuse d'un prétendu écrivain en mal d'inspiration :

> « *À peine arrivé chez lui, Rodolphe s'assit brusquement à son bureau, sous la tête de cerf faisant trophée contre la muraille.* »

C'est bien le chasseur de femme que Flaubert met en scène, celui qui s'est offert avec Emma un nouveau trophée, mais enfin, assis là, Rodolphe ne se voit-il pas couronné de bois, pour ne pas dire de cornes ?

Quant à Homais, il est lui aussi couronné :

> « [...] *l'air aussi calme dans la vie que le chardonneret suspendu au-dessus de sa tête, dans une cage d'osier* ».

On peut aussi relever l'apparition de Canivet :

> « [...] *et l'on apercevait sur l'autre coussin, près de lui, une vaste boîte, recouverte de basane rouge, dont les trois fermoirs de cuivre brillaient magistralement* ».

La grande force de la métonymie* (étymologiquement « mot à côté ») qui fait ici image tient à sa présence, au fait que justement elle ne soit pas tout à fait traduisible en termes de symbole mais s'impose malgré tout finalement par la puissance de l'adverbe final. Cela tient aussi au refus d'un point de vue unique : s'agit-il du regard admiratif des habitants, craintif de Charles et d'Homais, ironique de Flaubert ? Impossible de trancher.

L'exemple le plus remarquable de cette **« mise en boîte »**, à tous les sens du terme, demeure bien évidemment **la fameuse scène du fiacre**. Jean-Paul Sartre a bien résumé son principe dans *L'Idiot de la famille* où il analyse longuement l'épisode :

> « *Gustave a décrit tout au long la randonnée du fiacre* [...] *pour donner à voir la "baisade" comme l'emportement*

grotesque et terrifiant d'un objet matériel : il nous oblige à prendre un point de vue extérieur sur des relations humaines[1]. »

Sartre fait aussi remarquer que les deux amants sont plus nus que dans un lit car ils n'ont plus rien pour se protéger et que, paradoxalement, leur mode de transport dévoile à tous « cette fureur de la locomotion » qui s'est emparé de ses deux occupants :

« [...] *les bourgeois ouvraient de grands yeux ébahis devant cette chose si extraordinaire en province* ».

Cette impression si particulière de comprendre tout à fait sans rien voir vraiment est produite par un usage subtil de sous-entendus discrets (comme les « deux rosses tout en sueur » ou la « voiture à stores tendus »), dont le repérage et la compréhension n'incombent finalement qu'au lecteur sur qui l'auteur semble se décharger de son mauvais esprit.

La mécanique du corps réifié

La force de suggestion et de comique de la scène repose aussi sur le caractère mécanique de ces transports, souligné par le découpage des paragraphes, les rythmes ou les accumulations[2]. Ce procédé, dont Bergson a fait le ressort essentiel du comique en général, « du mécanique plaqué sur du vivant[3] », Flaubert en use continûment pour ridiculiser les personnages prétentieux ou odieux.

L'entrée en scène de Binet le peint déjà tout entier avec sa ponctualité mécanique dont le ridicule est bien souligné par

1. Éditions Gallimard, 1971, p. 1279.
2. Voir à ce sujet l'analyse de Geneviève Bollème in *La Leçon de Flaubert*, Julliard, 1964, p. 228-237.
3. *Le Rire, Essai sur la signification du comique*, 1924.

les deux courtes phrases en parataxe* et asyndète* offrant un simple constat dont toute la portée a été préparée par le discours de Mme Lefrançois :

> « *Six heures sonnèrent. Binet entra.* »

Ce caractère d'automate, qui l'identifie à son cher tour, n'est pas propre au receveur. Le comportement de tous les personnages du roman semble obéir à des règles immuables et quasi mécaniques. En cela, l'apothicaire et le curé se retrouvent une fois encore renvoyés dos à dos par le caractère mécanique et réflexe de leurs purifications également vaines :

> « *Alors M. Bournisien aspergeait la chambre d'eau bénite et Homais jetait une peu de chlore par terre.* »

La cérémonie

Jean-Paul Sartre voyait dans la cérémonie, chargée d'« unir provisoirement des êtres dont l'essence est l'impénétrabilité[1] », une des deux faces de la Bêtise traquée par Flaubert. Et, en effet, le roman nous en offre quelques échantillons particulièrement représentatifs qui sont aussi l'occasion pour Flaubert de montrer de grandes scènes de foules et d'exercer ses talents d'ironiste. Que ce soit les noces, le bal de la Vaubyessard, les comices ou l'enterrement d'Emma, **le rituel se donne à voir comme une mécanique** à la fois parfaitement réglée et donc **comique** puisqu'elle transforme les personnages en automates et, **en même temps, sinistre car profondément inhumaine pour les victimes**. La mécanique bien huilée de la cérémonie se heurte aussi à la matérialité du réel et Flaubert multiplie les notations en ce sens. Ainsi, les invités de la noce « incommodés par leurs habits neufs » ou qui présentent « des balafres en diagonale sous le nez, ou,

1. *L'Idiot de la famille*, Gallimard, 1971, p. 615.

le long des mâchoires, des pelures d'épiderme larges comme des écus de trois francs ». La belle manœuvre des troupes aux comices finit aussi en cacophonie :

> *« Et, après un port d'armes où le cliquetis des capucines[1] se déroulant sonna comme un chaudron de cuivre qui dégringole les escaliers, tous les fusils retombèrent. »*

Même dans le monde idéal – tel qu'il est perçu par Emma – du château de la Vaubyessard, on trouve une brutale irruption du réel dans sa matérialité dérangeant une atmosphère presque onirique :

> *« au bruit des éclats de verre, Mme Bovary tourna la tête et aperçut dans le jardin, contre les barreaux, des faces de paysans qui regardaient[2]. »*

Pour Emma en effet, les cérémonies au contraire, en particulier religieuses, sont, par leur caractère sensuel et esthétique, une invitation à la rêverie.

Toutes les cérémonies possèdent aussi leurs victimes : Catherine Leroux aux comices dont la présence tranche sur les « bourgeois épanouis » ou Charles qui esquisse un mouvement de révolte au cours des obsèques interminables d'Emma : « – Dépêchez-vous donc ! je souffre, moi ! s'écria Bovary ».

La parole vide

Le projet du ***Dictionnaire des idées reçues*** remonte à 1850, Flaubert s'y donne pour objectif de constituer une anthologie de tous les lieux communs de son époque, tous les clichés

1. Anneaux de fer ou de cuivre qui assujettissent, sur son bois, le canon d'une arme à feu.
2. Le choc provient aussi, ou d'abord, de sa transformation de spectatrice en objet de spectacle.

de la Bêtise. Une telle tâche ne pouvait que se révéler infinie et demeurer inachevée[1] mais *Madame Bovary* en constitue un avatar assez complet. Pour l'auteur en effet, on parle moins qu'on n'« est parlé », on peut difficilement échapper au **langage toujours social qui véhicule des idées toutes faites sous la forme de phrases elles-mêmes figées**. Tous les personnages du roman l'illustrent et Homais avant tout, soucieux de donner son avis sur tout, mais ne faisant que reprendre les articles d'un catéchisme positiviste avec ses formules ronflantes et son vocabulaire convenu. Pour briller en société, il convient de faire étalage de sa science et donc d'un jargon adéquat. Il ne peut y renoncer même face au docteur Larivière (III, 8) :

> *«Il étalait son érudition, il citait pêle-mêle les cantharides, l'upas, le mancenillier, la vipère ».*

Même le service du café lui est prétexte à un étalage maladroit. Flaubert commence par le discours indirect libre truffé de termes savants eux-mêmes prétextes à se mettre en avant, « l'ayant d'ailleurs, torréfié lui-même, porphyrisé lui-même, mixtionné lui-même » puis termine en beauté, comme Homais, par une exclamation grotesque au style direct : « *Saccharum*, docteur, dit-il en offrant du sucre. »

Flaubert revient à de multiples reprises sur la source principale d'information, ou plutôt de formation d'Homais :

> *« Ensuite, on causait de ce qu'il y avait dans le journal. Homais, à cette heure-là, le savait presque par cœur ; et il le rapportait intégralement, avec les réflexions du journaliste et toutes les histoires des catastrophes individuelles arrivées en France ou à l'étranger. »*

---

1. On ignore quel type d'édition envisageait Flaubert. Le texte parut pour la première fois en 1913 et figure généralement en appendice de *Bouvard et Pécuchet*.

Le journal, qui symbolise pour Flaubert cette parole sociale qui fait d'autant plus autorité qu'elle est creuse, constitue pour l'apothicaire la référence absolue au point qu'il ne peut citer Shakespeare que par son intermédiaire :

> *« – Ah ! c'est là la question ! Telle est effectivement la question : That is the question ! comme je lisais dernièrement dans le journal. »*

La grande force de la bêtise est donc de pouvoir récupérer même la création des génies pour la transformer en un vulgaire lieu commun qui ne semble dès lors tirer sa légitimité que de cette reprise. On comprend que le pharmacien n'ait de cesse de communiquer au *Fanal de Rouen* les nouvelles d'Yonville qui chaque fois le mettent en valeur.

À ces lieux communs répond le lexique tout aussi convenu et limité de l'abbé Bournisien qui n'a à la bouche que « Dieu », « péché » ou « sacrilège ». Quant à Emma et Léon, ils accumulent les clichés romantiques et les a-priori comme sur la musique :

> *« – Et quelle musique préférez-vous ? – Oh ! la musique allemande, celle qui porte à rêver. »*

Il pourrait suffire en effet comme dans le cas précédent de citer ce discours pour que sa bêtise s'impose d'elle-même, mais Flaubert multiplie les stratégies pour renforcer sa dénonciation satirique. Le discours direct se révèle d'autant plus subversif qu'il se trouve mis en situation, apparaît décalé au lecteur. Un cas limite de cette pratique consiste pour le romancier à **composer en contrepoint deux discours convenus qui s'annulent l'un l'autre**, dont chacun souligne par contraste le ridicule de l'autre. C'est le cas lorsque les clichés romantiques du séducteur Rodolphe sont interrompus par la rhétorique du conseiller Lieuvain ou le palmarès du concours agricole :

> « – *Oh ! non, n'est-ce pas, je serai quelque chose dans votre pensée, dans votre vie ?*
> *"Race porcine, prix ex aequo : à MM. Lehérissé et Cullembourg ; soixante francs !"* »

Que ce soit l'animal choisi ou le nom des heureux lauréats, tout vient ici démasquer la vraie nature des projets de M. Boulanger[1] !

Le recours systématique au **discours indirect libre**[2] se révèle tout aussi ravageur en feignant de détacher la parole de son auteur pour lui donner une apparente formulation objective à laquelle tout un chacun devrait souscrire.

Enfin, quand il use du style indirect, Flaubert souligne l'emprunt au discours officiel par l'usage de **l'italique** :

> « *madame Tuvache, la femme du maire, déclara devant sa servante que madame Bovary se compromettait* ».

Il est cependant des cas où l'intention parodique se révèle plus clairement et où l'on perçoit assez nettement la voix du narrateur comme lors de cette reprise de mot par exemple :

> « – *Qu'a donc notre intéressant stréphopode ?*
> *Il se tordait, le stréphopode, dans des convulsions atroces* ».

Flaubert avait prévenu :

> « *L'ironie n'enlève rien au pathétique ; elle l'outre au contraire. Dans ma troisième partie, qui sera pleine de choses farces, je veux qu'on pleure.* »

---

1. Sans compter le *ex aequo* qui fournit la clef de lecture, savante, du rapprochement !
2. Voir plan détaillé de sujet de bac sur le discours indirect libre p. 218-221.

On comprend en effet que les contemporains aient été émus par cette **entreprise générale de démolition** qui ne semblait au bout du compte rien laisser debout. Non seulement, tous les discours sont convenus et sonnent creux, non seulement sont renvoyées dos à dos les deux idéologies de référence, catholique et positiviste, mais l'art lui-même ne peut constituer une échappatoire : la littérature est un miroir aux alouettes ou est récupérée par les médiocres, la musique, l'opéra, sont prétexte à un étalage ridicule, mise en abyme* caricaturale d'une société déjà caricaturale. Et, comble du désespoir, **aucun personnage positif** n'est proposé au lecteur pour compenser la médiocrité et l'hypocrisie générales. Dans d'autres romans, comme ceux de Balzac, la femme mariée malheureuse, la poétesse de province, les amants purs pouvaient rivaliser avec la méchanceté de la société, mais dans *Madame Bovary* nul héros positif. On serait un moment tenté de faire une exception pour le docteur Larivière tant la page que lui consacre Flaubert est élogieuse, mais ce serait oublier sa conclusion perfide où perce quelque ressentiment de l'auteur au souvenir d'un père et d'un frère tellement admirables en effet :

> *« Et il allait ainsi, plein de cette majesté débonnaire que donnent la conscience d'un grand talent, de la fortune, et quarante ans d'une existence laborieuse et irréprochable. »*

Quatrième partie

LA RÉCEPTION DE L'ŒUVRE

L'accueil du public et de la critique

Si Flaubert accueille avec soulagement son acquittement, sa comparution devant un tribunal et les attendus du jugement lui ont laissé un goût amer. Il se dit même révolté par le succès à scandale que le procès a procuré à son roman :

> « *L'affaire a été dure à enlever, mais enfin j'ai la victoire.* [...] *je suis fâché de ce procès en somme. Cela dévie le succès et je n'aime pas, autour de l'Art, des choses étrangères. C'est à tel point que tout ce tapage me dégoûte profondément et j'hésite à mettre mon roman en volume. J'ai envie de rentrer pour toujours dans la solitude et le mutisme dont je suis sorti, de ne rien publier, pour ne plus faire parler de moi*[1]. »

Il finit cependant par donner à l'éditeur, Michel Lévy, son accord pour la publication de *Madame Bovary* et le roman sort en librairie en avril 1857 avec un succès redoublé, dont témoignent les quatre éditions successives dans l'année. La presse lui consacre alors de nombreux articles et l'ensemble des critiques reconnaissent qu'il s'agit d'un événement littéraire considérable, qui ne doit pas seulement au retentissement du procès. Le romancier Barbey d'Aurevilly, dans un article du *Pays*, daté du 6 octobre 1857, soit six mois après sa parution, note ainsi :

> « *Le livre de M. Gustave Flaubert a eu un succès éclatant et rapide, et ce succès n'est pas épuisé. Rien n'a manqué à sa fortune : ni la pointe de scandale* [...], *ni l'intérêt dramatique d'un procès.* [...] *Selon nous, jamais succès ne fut plus juste.* [...] *Le livre valait mieux que les autres livres contemporains du même genre, et de plus il avait une valeur en soi.* »

1. Lettre à Maurice Schlesinger, février 1857.

Mais les jugements portés sur Flaubert sont loin d'être unanimes et le roman donne lieu à des débats passionnés, qui sont comme un écho au débat qui s'est tenu à l'audience du 29 janvier.

Le style de Flaubert

Rares sont les critiques qui, comme Deschamps, dans un article du 15 mai 1857[1], affirment qu'il n'y a pas à proprement parler de style dans *Madame Bovary* ou qui parlent, comme Paulin Limayrac[2], d'un « art de second ordre ».

La plupart des articles, écrits à cette époque, louent au contraire la qualité littéraire du roman et le style de Flaubert. Dès décembre 1856, c'est-à-dire avant même le procès et la parution de *Madame Bovary* en volume, un article du *Figaro* en remarquait déjà la « langue sobre, précise, ennemie de l'emphase », et Marie-Sophie Leroyer de Chantepie[3] peu après sa parution parlera d'un « chef-d'œuvre » où « les sentiments et les pensées [...] sont revêtus d'un style dont l'expression, d'une fidélité remarquable, est toujours près de la réalité ».

De grands écrivains ne cachent pas non plus leur admiration pour le style de leur « nouveau » confrère. Pour Alexandre Dumas[4], par exemple, *Madame Bovary* est « brillante de style, la phrase a des tours pittoresques et des terminaisons inattendues et insolites qui [...] lui donnent comme style une supériorité sur la phrase de Balzac ». Baudelaire, également, en apprécie, dans des termes comparables, « le style nerveux, pittoresque, subtil[5] ». Quant à Barbey d'Aurevilly, dont l'es-

1. Article publié dans *Librairie et Beaux Arts*.
2. Dans *Le Constitutionnel*, en date du 10 mai 1857.
3. Dans un article du *Journal d'Angers et de Tours*.
4. Revue *Le Monte Cristo* du 28-05-1857.
5. Article publié dans *L'Artiste* et daté du 18 octobre 1857.

thétique et les convictions sont radicalement différentes de celles de Flaubert, il reconnaît, dans l'article du *Pays* que la « langue » dans *Madame Bovary* est « colorée, brillante et d'une précision presque scientifique ».

Mais l'admiration, comme on le voit dans cette dernière réflexion, se teinte parfois d'une nuance négative ; certains critiques déplorent que la précision, chez Flaubert, n'exclue pas une certaine sécheresse « scientifique » et ils regrettent que son souci du détail, poussé à l'extrême, fasse oublier l'essentiel et finalement lasse le lecteur[1]. Au fond, on reproche à l'auteur de *Madame Bovary* la vision matérialiste et scientiste du réalisme que la conclusion de l'article de Sainte-Beuve, plutôt élogieux par ailleurs, résume ainsi de manière implicite :

> *« Je crois reconnaître des signes littéraires nouveaux : science, esprit d'observation, maturité, force, un peu de dureté. Ce sont les caractères que semblent affecter les chefs des nouvelles générations.* […] *Anatomistes et physiologistes, je vous retrouve partout. » (*Le Moniteur universel, *4 mai 1857)*

Le réalisme

Certains critiques de l'époque considèrent en effet *Madame Bovary* comme une œuvre représentative du réalisme auquel Champfleury et Duranty, en 1856-1857, viennent de donner un contenu théorique relativement précis. Vapereau, par

1. Dans un article du *Courrier de Paris*, du 16 mai 1857, Louis Ulbach écrit ainsi : « Quant au procédé de M. Flaubert, il participe de Balzac, auquel il emprunte, en l'exagérant, ce culte du détail ; cette analyse minutieuse qui prouve le principal par les accessoires. Mais peut-être M. Flaubert […] n'a-t-il pas assez fécondé cette description perpétuelle qui […] finit par lasser l'esprit et par charger l'attention de minuties dont le secret échappe. »

exemple, écrit, dans *L'année littéraire et dramatique* (1859) : « Cette insensibilité systématique du réalisme moderne se retrouve chez *Madame Bovary*, dans tous les détails de la pensée et du style. » D'autres font même de Flaubert le représentant le plus prestigieux du mouvement réaliste. Ainsi Gustave Merlet, dans *La Revue européenne* (1860) affirme : « Si le réalisme peut être appelé une école, M. Flaubert en est le chef ; car nul ne le représente avec plus de franchise, d'audace et de talent. » Mais cet éloge initial n'est qu'apparent comme le prouve la fin de l'article :

> *« M. Flaubert n'est pas seulement un peintre déguisé en romancier, mais un chirurgien qui se trompe de vocation, et applique à l'analyse des caractères le sang-froid cruel de l'analyste. »*

Pourtant, de façon paradoxale, Duranty, l'un des premiers écrivains à se proclamer réaliste, condamne l'œuvre de Flaubert parce qu'elle « représente l'obstination de la description » et qu'il n'y a

> *« ni émotion, ni sentiment, ni vie dans ce roman, mais une grande force d'arithméticien qui a supputé tout ce qu'il peut y avoir de gestes, de pas ou d'accidents de terrain, dans des personnages, des événements et des pays donnés. Ce livre est une application littéraire du calcul des probabilités. »*

En clair, au nom du réalisme, il lui reproche ce que certains critiques fustigent dans le réalisme.

Car la plupart des contemporains ne voient dans le réalisme qu'une volonté de peindre la réalité dans ce qu'elle a de plus sordide et de plus vulgaire, voire d'immoral, avec une rigueur et une indifférence presque scientifiques. Qualifier *Madame Bovary* de roman réaliste (ce que Flaubert n'a jamais supporté), c'est donc lui dénier toutes les qualités qui font d'un roman une grande œuvre littéraire.

C'est pourquoi un défenseur de Flaubert, comme Philoxène Boyer, s'insurge, dans *La voix de l'école* (24 mai 1857), contre le fait qu'on ait prononcé, à propos de *Madame Bovary*, « cet affreux mot de réalisme dont quelques sots mystificateurs se sont servis pour berner la jeunesse naïve » alors que ce roman, ajoute-t-il, s'en distingue non seulement par la poésie de certains passages mais aussi « par l'agencement austère et grandiose de son intrigue, par la simplicité tout à fait tragique de son sujet ». Un autre critique, Cormenin (article cité), pour défendre Flaubert, ne craint pas d'opposer la réalité telle qu'elle apparaît dans son roman au réalisme dont on l'accuse :

> *« Tout le monde est observé, saisi, pénétré dans ses mœurs, dans ses attitudes, ses vêtements, ses manies et ses vices, avec une fidélité passionnée et mouvante qui est la vie même.* […] *Voilà de la bonne et franche réalité et non du réalisme pour reprendre le mot d'ordre d'une école qui* […] *n'a produit que des ramasseurs de clous fouillant tous les ruisseaux littéraires. »*

La querelle autour du réalisme, à propos de *Madame Bovary*, est, en fait, inséparable du débat sur la moralité de l'œuvre et de son auteur, comme le procès l'a amplement démontré. Quelques années plus tard ce débat n'est pas toujours clos, ainsi qu'en témoigne ce jugement d'Alfred Nettement, dans *Le Roman contemporain* (1864) (p. 118) :

> *« [Flaubert] a le goût passionné de son école (entendons le réalisme) pour l'analyse, le tour systématiquement pessimiste de son esprit dans ses observations sur la nature humaine et sur la société contemporaine, la cynique hardiesse de son incrédulité en matière de vertu.* […] Madame Bovary *a réussi par la liberté, disons mieux, la licence des tableaux ; elle a réussi par l'immoralité. »*

La morale

Dans les mois et les années qui suivent la parution du roman, les critiques ne cessent, en effet, de s'interroger sur la moralité ou l'immoralité de l'œuvre de Flaubert, en utilisant des arguments qui, le plus souvent, reprennent ceux que les avocats ont développés lors du procès.

Pour les plus critiques, le sérieux scientifique du roman, le parti pris d'impersonnalité du romancier, masquent en fait « la vulgarité d'un sujet qui blesse de légitimes scrupules[1] ». C'est pourquoi ils dénoncent le caractère scabreux de certaines scènes et notamment la complaisance que l'auteur témoigne à l'égard de la sensualité d'Emma et de ses débordements. Bon nombre d'entre eux regrettent, par la même occasion, l'absence de personnages « positifs », à la suite de Sainte-Beuve qui, dans l'article du *Moniteur universel* (4 mai 1857), ajoute à sa réserve sur le style, un reproche d'ordre moral :

> *« Tout en me rendant compte du parti pris qui est la méthode même et qui constitue l'art poétique de l'auteur, un reproche que je fais à son livre, c'est que le bien est trop absent ; pas un personnage ne le représente. »*

En fait, il reproche surtout au romancier de s'être refusé à introduire dans son œuvre un personnage qui incarnerait un quelconque idéal éthique ou spirituel : « Le lecteur s'y serait prêté et le réclamait presque » précise-t-il.

Un critique, Armand de Pontmartin est beaucoup plus radical et virulent ; sa nostalgie aristocratique le conduit, en effet, à voir, dans le roman de Flaubert, et plus généralement dans la littérature réaliste à laquelle il l'assimile, une preuve de la décadence de l'art et de la société, de ses valeurs éthiques et religieuses. Le jugement moral se double alors d'un

1. Gustave Merlet, *Revue européenne* du 15 juin 1860.

jugement social et politique. *Madame Bovary*, proclame-t-il avec mépris, c'est « la démocratie dans le roman », autrement dit l'expression d'une idéologie égalitaire. « Cette indifférence implacable, cette égalité de la créature devant le mal, est un des caractères distinctifs de l'esprit démocratique dans l'art. » Sa condamnation est dès lors sans appel :

> *« C'est pourquoi, sans vouloir cependant nous brouiller avec la justice, nous refusons de reconnaître dans* Madame Bovary *le côté moral qui n'y brille que par son absence, et nous ne pouvons y amnistier le côté plastique et sensuel. »*

Mais cette position radicale est peu partagée par les contemporains. D'une façon générale, en effet, les reproches adressés à l'auteur et à son œuvre, au nom de la morale ou de la religion, sont beaucoup plus nuancés et traduisent même une certaine perplexité. Louis Ulbach[1], par exemple, bien qu'il regrette que le roman manifeste une indifférence à l'égard de toute forme d'idéal, se refuse à le considérer comme immoral :

> *« Une révolte de la sensibilité fait rejeter d'abord le livre, et c'est dans ce premier mouvement qu'on croit à l'immoralité ; mais quand on cherche la preuve de cette impudeur, quand on veut prendre M. Flaubert en flagrant délit de licence, quand on veut produire les passages scabreux, on ne trouve rien qui mérite ces colères ; et en sentant circuler partout un frisson sensuel qui s'arrête à l'épiderme, on se convainc que l'auteur n'a voulu que raconter sans idéalité. C'est là tout son but, et, disons-le, son défaut. »*

À tous ces reproches, les critiques plus favorables à l'œuvre de Flaubert n'hésitent pas à en affirmer haut et fort la moralité, même si, comme Me Senard, c'est au nom très souvent d'une conception utilitaire de la littérature. C'est le cas par

1. *Le Courrier de Paris*, 16 mai 1857.

exemple de Louis de Cormenin qui écrit, dans un article du *Journal du Loiret* (6 mai 1857) : « Le banal reproche d'immoralité adressé au livre tombe devant une lecture attentive qui montre avec une évidente clarté le but de l'auteur, – la punition de l'adultère » ; et Mlle Leroyer de Chantepie, soutient même que « toutes les femmes qui le liront s'arrêteront sur le bord de l'abîme ». Mais aucun ne remet véritablement en cause les valeurs morales de l'époque.

Assez curieusement, c'est également la position de George Sand, dans *Le Courrier de Paris* du 8 juillet 1857 :

> *« On s'est alarmé à tort, suivant nous, de la moralité de l'œuvre. Tout au contraire, le livre nous a paru utile, et tous, en famille, nous avons jugé que la lecture en était bonne. »*

Il est vrai qu'elle ne se contente pas de ce jugement moral et qu'elle prolonge son raisonnement par une réflexion d'écrivain plus que de critique, en distinguant nettement le beau du bien :

> *« Il est d'ailleurs évident que le livre n'a pas été fait en vue d'une moralité quelconque ; ce qui, entendons-le bien, ne prouve pas qu'il soit immoral ; car ce qui est beau ne nuit jamais, et avec cette peinture du mal, M. Flaubert a su faire un très beau livre. »*

Reprenant cette idée d'une beauté de l'œuvre, indépendante des notions de bien ou de mal, Baudelaire, après avoir été traîné lui aussi devant les tribunaux pour immoralité dans *Les Fleurs du Mal*, n'hésite pas à défendre Flaubert non pas pour la moralité de son roman mais en raison de la beauté « dont il est revêtu » et qui suffit à le justifier. Il balaie ainsi tous les reproches qu'on a pu formuler à l'encontre de *Madame Bovary* :

> « *Plusieurs critiques avaient dit : cette œuvre, vraiment belle par la minutie et la vivacité des descriptions, ne contient pas un seul personnage qui représente la morale, qui parle la conscience de l'auteur. Où est-il, ce personnage proverbial et légendaire, chargé d'expliquer la fable et de diriger l'intelligence du lecteur ? En d'autres termes, où est le réquisitoire ?*
> *Absurdité ! Éternelle et incorrigible confusion des fonctions et des genres ! – Une véritable œuvre d'art n'a pas besoin de réquisitoire. La logique de l'œuvre suffit à toutes les postulations de la morale, et c'est au lecteur à tirer les conclusions de la conclusion*[1]. »

Cette analyse profonde, qui situe l'œuvre d'art au-delà de la morale et fait de sa logique le critère le plus pertinent pour la juger, marque bien l'originalité de *Madame Bovary* et préfigure l'évolution future de la critique, qui se détourne de cette discussion stérile sur l'immoralité présumée de Flaubert et de son roman.

De nouvelles approches

Après le procès et l'acquittement de Flaubert, **la querelle sur la moralité de son roman s'éteint** rapidement. On ne revient pas sur la chose jugée. Et, à la fin du XIXe siècle, un critique célèbre, Emile Faguet, peut déclarer dans une étude sur Flaubert (1899), à propos de *Madame Bovary* :

> « *Quant à la moralité de l'œuvre, je n'en dirai rien du tout.* Madame Bovary *peut être funeste ou salutaire.* »

En revanche, comme la plupart des critiques de son temps, il s'interroge pour déterminer dans quelle mesure ce roman appartient ou non au mouvement réaliste, en dépit de toutes

1. In *L'Artiste*, 18 octobre 1857.

les dénégations de l'auteur. Dans un chapitre intitulé « Le réaliste *: Madame Bovary* », il précise :

> « *Le réalisme tel qu'il l'entendait était chose parfaitement nouvelle et à ce titre beaucoup plus malaisé que tout ce qu'on avait connu jusque-là sous ce nom* [...] Madame Bovary *a fondé le réalisme dans notre pays. » (op. cit., p. 66 et 68)*

Un autre grand critique de l'époque, F. Brunetière, était allé plus loin puisqu'en 1882, dans un essai intitulé *Le Roman naturaliste*, il cherchait à démontrer que *Madame Bovary* annonçait surtout le naturalisme, en mettant en évidence la médiocrité des personnages, mais aussi la valeur documentaire du roman, en insistant sur le sous-titre « Mœurs de province » et l'impersonnalité de l'auteur attaché à « faire vivre la platitude et la vulgarité même, et les faire vivre sans y mettre rien de soi » (*op. cit.*, p. 167).

Zola, au même moment, montrait d'ailleurs tout ce que la doctrine naturaliste, dont il était le théoricien, **devait au roman de Flaubert** :

> « *Le premier caractère du roman naturaliste, dont* Madame Bovary *est le type, est la reproduction exacte de la vie, l'absence de tout élément romanesque* [...]. *Le romancier naturaliste affecte de disparaître complètement derrière l'action qu'il raconte* [...] *On chercherait en vain une conclusion, une moralité, une leçon quelconque tirée des faits. » (in* Les Romanciers naturalistes*, 1881)*

Ce talent de l'observation et de la description, à la fois détaillée et neutre, continuera d'inspirer les romanciers puisque, au milieu du XXe siècle, les adeptes du « Nouveau Roman » reconnaîtront leur dette à l'égard de l'œuvre de Flaubert. Alain Robbe-Grillet, l'un des plus radicaux d'entre eux, n'hésitera pas à affirmer que « le roman moderne commence, pour [lui], à partir de Flaubert », et, à propos de la casquette de Charles Bovary, qu'elle « n'est pas du tout un objet balzacien [...], c'est un objet qui appartient déjà au surréalisme, ou au Nouveau Roman » (*Le Voyeur*, Éd. Point Seuil, p. 69 et 377).

Un autre aspect de l'œuvre de Flaubert intéresse les critiques, à la fin du XIXe siècle et au début du XXe siècle, au moment où Freud commence à publier ses premiers travaux : il s'agit de **la psychologie des personnages de Flaubert** et plus particulièrement de l'interprétation qu'on peut faire du comportement d'Emma. On a vu la diversité, pour ne pas dire les contradictions, de leurs analyses. Retenons la thèse fine et pénétrante du critique et romancier Paul Bourget qui, dans son livre, *Essais de psychologie contemporaine* (1883) écrit, p. 155 :

> « *À creuser plus avant la conception que Flaubert se forme de ses personnages, on reconnaît que la disproportion dont ils souffrent provient toujours et partout, de ce qu'ils se sont façonné une idée par avance sur les sentiments qu'ils éprouveront. C'est à cette idée d'avant la vie que les circonstances font banqueroute, puis eux-mêmes.* »

Reprenant cette idée, le philosophe Jules de Gaultier se propose, dans deux ouvrages[1], d'analyser **une défaillance de la personnalité qu'il nomme le « bovarysme »**, en référence à l'héroïne de Flaubert, défaillance qu'il définit comme « le pouvoir départi à l'homme de se concevoir autre qu'il n'est. » Le succès de ces deux essais aidant, *Madame Bovary* entre alors dans le domaine de la psychologie, comme on le verra, par la suite, avec le psychanalyste Jacques Lacan, ou de la philosophie, avec notamment le philosophe René Girard, dans son célèbre essai *Mensonge romantique et vérité romanesque*

1. Jules de Gaultier : *Le Bovarysme : la psychologie dans l'œuvre de Flaubert* (1892) et *Le Bovarysme : essai sur le pouvoir d'imaginer* (1902), deux ouvrages disponibles sur le site Gallica.

(1966), qui montre l'importance du désir mimétique, autrement dit « ce désir selon l'autre, qui s'oppose au désir selon Soi », illustré parfaitement par l'attitude d'Emma, quand elle cherche à imiter les héroïnes des romans de sa jeunesse.

Mais, **avec la publication de la correspondance** et des manuscrits de *Madame Bovary*, au cours du XXe siècle, **c'est désormais le style de Flaubert**, autrement dit la rigueur de la composition du roman et de l'écriture, **qui constitue l'un des principaux objets d'étude de l'œuvre**. La comparaison entre *Madame Bovary* et les lettres de Flaubert, va d'ailleurs donner lieu, en 1920, à une querelle littéraire entre un célèbre critique, Albert Thibaudet (1874-1936) et Marcel Proust. Pour le critique, Flaubert est un grand créateur d'images, d'images visuelles notamment, et sa correspondance « révèle les idées d'un cerveau de premier ordre », même s'il fait preuve, parfois d'inadvertance de style, dans *Madame Bovary*. Proust, au contraire, trouve la correspondance médiocre mais apprécie les « singularités » grammaticales qu'on lui a reprochées, notamment l'usage surprenant de l'imparfait, dans le roman, qui, dit-il « a changé notre vision du monde ».

La publication de la correspondance de Flaubert (près de 2000 lettres éditées entre 1926 et 1933), puis des plans et scénarios successifs du roman, a, en outre, orienté la critique vers une voie nouvelle. À travers les lettres de l'écrivain, on peut suivre en effet, presque au jour le jour, le processus de création de *Madame Bovary*, depuis le projet initial jusqu'à la publication du roman, et connaître les questions que s'est posées l'auteur au sujet du roman, de son rapport aux personnages et de son travail sur le style. Cette perspective nouvelle, qui consiste à étudier une œuvre à partir de sa genèse (on l'appelle d'ailleurs critique génétique), a trouvé son expression la plus éclatante dans le livre de Claudine Gothot-Mersch, *La Genèse de* Madame Bovary, publié en 1966.

L'étude du roman de Flaubert, on le voit, a suscité, et suscite encore, de nombreuses et abondantes études critiques et il est impossible d'en dresser une liste exhaustive[1]. Mais une telle abondance témoigne de **la modernité de cette œuvre qui ne cesse, depuis sa parution, d'interpeller les lecteurs**. Les plus grands écrivains contemporains ont du reste fait part de leur admiration pour le romancier, entre autres Kafka, Henry James et plus près de nous Julien Gracq, Nathalie Sarraute, Robbe-Grillet, ou encore William Faulkner ; dans un entretien, en 1957, le romancier américain déclarait ainsi : « Dans *Madame Bovary*, j'ai vu [...] un homme qui avait choisi de faire un seul livre parfait tant au point de vue des personnages que de la méthode et du style. »

Enfin, de grands cinéastes, parmi lesquels Jean Renoir, en 1934, Vincente Minelli, en 1949, Claude Chabrol, en 1991, ont adapté l'œuvre à l'écran avec plus ou moins de fidélité et plus ou moins de succès (voir la filmographie).

Conclusion : *Madame Bovary*, « livre sur rien » ?

Madame Bovary fut indéniablement un livre de son temps, dans son temps. Son procès en constitue une double preuve, d'abord parce que le livre fut accusé, ensuite parce qu'il fut acquitté. Comme l'écrit Flaubert dans le *Dictionnaire des idées reçues* : « CENSURE. – Utile, on a beau dire. »...

« Livre sur rien » ? Très certainement au sens où l'entendait son auteur : un livre qui fait le deuil du romanesque, et doublement. D'abord parce qu'il se refuse les prestiges de l'intrigue, la passion pour ses personnages, au profit du

1. La bibliographie de *Madame Bovary*, dans l'édition du livre de Poche, ne compte pas moins d'une soixantaine de titres.

compte rendu presque clinique d'une pathologie, mais d'une pathologie qui ne métamorphose même pas le personnage principal en héros. Ensuite, parce que la maladie provient justement d'un mauvais usage du romanesque.

Mais ce deuil est aussi ce qui rend possible la naissance d'une nouvelle littérature qui ne reposera plus sur une histoire et dont les créatures seront « sans qualités ». Car c'est parce qu'elle ne peut être héroïne de romans qu'Emma meurt, ce qui précisément fait d'elle l'héroïne par excellence du roman à venir.

Flaubert, avec ce livre, ouvre aussi la voie à un traitement neuf de la description, ni décorative ni simplement informative, mais liée à une certaine conscience du monde, reflet de cette conscience. Par-delà les textes du « Nouveau Roman », pas si expérimentaux ou datés qu'un certain dictionnaire des idées reçues contemporain le prétend, c'est la relation entre l'intériorité du sujet et le monde qui constituera désormais le cœur du roman.

Enfin, les relations entre romancier et créatures sortent, elles aussi, profondément renouvelées. L'usage systématique du discours indirect libre en particulier, cet étrange entre-deux, ouvre la voie aux romanciers du « flux de conscience », Virginia Woolf, James Joyce et tant d'autres.

On aurait pu, pour conclure ce travail modeste au regard de l'œuvre, renvoyer encore à l'ironique *Dictionnaire des Idées reçues*, article « CRITIQUE ». On lui substituera une lettre au contenu plus explicite : « La critique est au dernier échelon de la littérature, comme forme presque toujours, et comme valeur morale, incontestablement. Elle passe après le bout rimé et l'acrostiche, lesquels demandent au moins un travail d'invention quelconque[1]. »

1. À Louise Colet, 28-29 juin 1853.

Cinquième partie

BIBLIOGRAPHIE ET PRINCIPALE FILMOGRAPHIE

Texte du roman

Gustave Flaubert, *Œuvres complètes*, tome III, Gallimard, Bibliothèque de la Pléiade, 2013.
(La nouvelle édition de référence, publiée sous la direction de Claudine Gothot-Mersch. Outre une notice très complète, on y trouvera les variantes ainsi que de textes complémentaires précieux comme les scènes coupées.)

Il existe de multiples versions en livres de poche :

Le Livre de poche, édition de Béatrice Didier, 1983.

Les classiques de Poche, édition de Jacques Neefs, 1990 (particulièrement intéressant pour l'étude des repentirs).

Folio classique, édition de Thierry Laget, 2001.

Garnier-Flammarion, édition de Bernard Ajac, 2006.

On trouvera les œuvres de Flaubert sur le site *flaubert.univ-rouen.fr,* en particulier *Madame Bovary* avec un moteur de recherche précieux permettant de retrouver toutes les occurrences d'un mot.

Correspondance de Flaubert

La période correspondant à l'écriture et au procès fait l'objet du tome II de la *Correspondance* (1851-1858) éditée par Jean Bruneau, Gallimard, Bibliothèque de la Pléiade, 1980.

On peut aussi utiliser l'édition commode de Geneviève Bollème, *Extraits de la correspondance de Flaubert ou Préface à la vie d'écrivain*, Seuil, 1963.

Autres textes de Flaubert dont la lecture peut éclairer l'étude du roman

Première Éducation sentimentale

Un Cœur simple dans *Trois Contes*

Dictionnaire des idées reçues

Autres romans ou textes du XIXe siècle

BALZAC, *La Muse du département*

MAUPASSANT, *Une Vie*

Témoignages et critiques de contemporains

Disponibles sur le site http://gallica.bnf.fr

BRUNETIÈRE, Ferdinand, *Le Roman naturaliste*, Calmann-Lévy, 1883 (chapitre VI, « Le naturalisme français. Étude sur Gustave Flaubert », p. 135-196.).

FAGUET, Émile, *Flaubert*, Hachette Paris, 1899 (chapitre VI, « Le réaliste : *Mme Bovary* », p. 65-106.).

LEMAITRE, Jules, *Les Contemporains. Études et portraits littéraires*, 8e série, Boivin éditeur, 1924, p. 59-120.

THIBAUDET, Albert, *Flaubert : sa vie, ses romans, son style*, Plon, 1922 (*Mme Bovary* p. 93-128.).

Études générales

BECKER, Colette, *Lire le réalisme et le naturalisme*, Armand Colin, coll. Lettres sup, 2005.

CALAIS, Etienne, MILHAUD, Marie-Lucile (coord.), *Lire, écrire, publier*, éd. Ellipses, 2013.

Études critiques

AUERBACH Éric, *Mimesis*, Gallimard, 1968. (Le chapitre XVIII est consacré au réalisme dans *Madame Bovary*.)

BOLLÈME, Geneviève, *La Leçon de Flaubert*, Julliard, 1964. (Après une première partie sur la poétique de Flaubert, on lira des analyses sur *Madame Bovary* p. 189-269.)

BROMBERT Victor, *Flaubert par lui-même*, Le Seuil, 1971. (Moins une véritable biographie qu'une présentation très riche de l'auteur appuyée sur les textes de Flaubert.)

BUISINE Alain (dir.), *Emma Bovary*, éditions Autrement, coll. « Figures mythiques », 1997. Recueil d'articles de différents auteurs : Yvan LECLERC, « Comment une petite femme devient mythique », Alain BUISINE, « Emma c'est l'autre », Jean BELLEMIN-NOEL, « Le sexe d'Emma », Elissa MARDER, « Madame Bovary en Amérique », Jorgz PEDRAZA, « Le shopping d'Emma », Antonia FONYI, « Sa "vie nombreuse", sa "haine nombreuse" ».

DEBRAY-GENETTE Raymonde, *Métamorphoses du récit, Autour de Flaubert*, Seuil, coll. Poétique, 1988. (Recueil d'articles d'étude génétique. À lire tout spécialement, outre le chapitre 1 « Esquisse de méthode », le chapitre 2, « La chimère et le sphinx, *Madame Bovary* », consacré à l'étude des différentes phases d'écriture de l'épisode de la visite chez la nourrice.)

GENETTE Gérard, « Silences de Flaubert » in *Figures* I, Paris, Seuil, 1966.

GENETTE Gérard (prés.), *Travail de Flaubert*, Seuil, collection Points, 1983. Recueil d'articles de différents auteurs. Sur *Madame Bovary* : Claude DUCHET, « Roman et objets, l'exemple de *Madame Bovary* », Jean STAROBINSKI, « L'échelle des températures, Lectures du corps dans *Madame Bovary* », Claudine GOTHOT-MERSCH, « La parole des personnages ». (Les autres articles peuvent aussi éclairer l'étude du roman.)

GOTHOT-MERSCH, Claudine, *La Genèse de* Madame Bovary, Paris, José Corti, 1966. Slatkine Reprints, 1980. (Un ouvrage de référence très abordable mais peu disponible.)

POULET, Georges, *Les Métamorphoses du cercle*, Plon, 1961. (Étude de la figure récurrente du cercle chez Flaubert au chapitre XIII.)

–, *Études sur le temps humain*, tome I, Plon, 1952. (Le chapitre XV est consacré à Flaubert.)

RICHARD, Jean-Pierre, « La création de la forme chez Flaubert » in *Littérature et sensation*, Seuil, coll. Points, 1954. (Bel exemple de critique thématique qui éclaire bien des aspects du roman.)

ROUSSET Jean, « *Madame Bovary* ou le livre sur rien », *Forme et signification*, José Corti, 1962. (Une étude suivie sur la variation et l'enchaînement des points de vue dans le roman.)

SARTRE Jean-Paul, *L'Idiot de la famille*, Gallimard, 1971-1972, 3 tomes.
(Il s'agit d'une monumentale étude de Jean-Paul Sartre qui s'inscrit dans ses biographies d'écrivains abordés selon la théorie existentialiste. En analysant la genèse de Flaubert depuis son enfance, Sartre retrouve la fascination de l'auteur pour la Bêtise dans le jugement porté sur lui par son père le qualifiant d'« idiot » parce que, enfant, il ne parvenait pas à apprendre ses lettres. Dans cet énorme (Flaubert aurait dit « hénaurme ! ») ouvrage, on pourra lire plus particulièrement dans le tome I, « La “bêtise” de Gustave », p. 612-648 et l'analyse de la scène du fiacre, tome II p. 1275-1303. Sartre analyse bien l'ambivalence de Flaubert vis-à-vis de la Bêtise.)

WINTER Geneviève, *Gustave Flaubert Écrire* Madame Bovary*, Lettres, pages manuscrites, extraits.* On y trouvera des textes choisis et un dossier assez complet. Après un chapitre sur la genèse « Du projet au scénario », l'auteur analyse, textes à l'appui, le travail de Flaubert sur quatre épisodes du roman : les lectures de jeunesse d'Emma, la visite à la nourrice, les comices, la mort. Une étude claire et infiniment précieuse.

Sites

www.bovary.fr

flaubert.univ-rouen.fr

flaubert.revues.org (On y trouvera de multiples articles sur *Mme Bovary*, sur la ponctuation et la mise en page, de Stella Mangiapane, sur la ponctuation, de Florence Pellegrini, sur la sexualité de M. Homais, de Shoshana-Rose Marzel.)

Principale filmographie

RENOIR, Jean, *Madame Bovary*, France, 1933.
(Une adaptation « historique » mais un peu trop fidèle du roman.)

MINNELLI, Vincente, *Madame Bovary,* États-Unis, 1949.
(Le film s'ouvre sur le procès au cours duquel Flaubert prend la parole pour défendre son personnage dont la vie est racontée en flash-back. Malgré son côté américain, le film demeure intéressant ne serait-ce que par l'interprétation de Jennifer Jones et le travail très soigné sur l'image.)

CHABROL, Claude, *Madame Bovary*, France, 1991.
(Le réalisateur, qui ne pouvait qu'être séduit par cette satire de la bourgeoisie de province, a choisi une adaptation excessivement fidèle du texte, mais il semble du coup renoncer parfois aux ressources originales du cinéma pour se cantonner à une très sage adaptation. L'usage récurrent du texte lu en voix off se révèle pesant et assez appauvrissant. Reste l'interprétation d'Isabelle Huppert qui renouvelle le regard sur le personnage, en particulier sa sensualité et sa provocation. Jean Yanne en Homais, Jean-François Balmer en Charles et Christophe Malavoy en Rodolphe collent à leurs personnages.)

Il faut également citer le très beau *Val Abraham* de Manoel DE OLIVEIRA, film portugais sorti en 1993, adapté du roman d'Agustina Bessa-Luís, qui transpose *Madame Bovary* dans le Portugal contemporain.

À la rentrée 2014 devrait sortir *Gemma Bovery* d'Anne Fontaine, adaptation du roman graphique de Posy Simmonds publié en 1999, librement inspirée de *Madame Bovary* de Gustave Flaubert.

Sur la question de l'adaptation

BARDET, Guillaume, CARON, Dominique, *Littérature et langages de l'image*, éd. Ellipses, 2013, p. 101-167.

Sur *Madame Bovary*, on pourra consulter sur le site http://static.iquesta.com, le master 1 d'Aimée Leroux, *La Temporalité dans quatre adaptations de* Madame Bovary *réalisées par Jean Renoir, Vincente Minelli, Claude Chabrol et Manoel de Oliveira* (septembre 2010) qui permet de réfléchir au traitement particulier du temps dans le roman par le biais des adaptations cinématographiques.

Sur le site *flaubert.revues.org*, l'article de Mary Donaldson-Evans, « À l'écoute des adaptations de *Madame Bovary* » étudie plus spécialement le son des adaptations.

Sixième partie

L'ŒUVRE À L'EXAMEN

Propositions de sujets

Sujets sur 12 points

- Dans une lettre à Louise Colet (9 décembre 1852), Flaubert écrit : « L'auteur dans son œuvre doit être comme Dieu dans l'univers, présent partout, et visible nulle part. »
  Le roman, *Madame Bovary*, vous semble-t-il illustrer ce propos ?

- Julien Gracq écrit dans *en lisant en écrivant* : « Car, en somme, tout ce qu'il est possible de tenter, dans sa situation dès le début sans espoir, elle le tente, non sans hardiesse, et la passivité nostalgique et fascinée qui a gardé le nom de bovarysme n'a que très relativement à voir avec un esprit de décision qui, dans le livre, va plus d'une fois jusqu'à l'intrépidité. » Et de conclure « cette flammèche de passion errante est à deux doigts de mettre le feu à un village pourtant si exemplairement ignifugé. »
  Emma vous paraît-elle correspondre à cette présentation ?

- Flaubert écrit : « Le comique arrivé à l'extrême, le comique qui ne fait pas rire, le lyrisme dans la blague, est pour moi tout ce qui me fait le plus envie comme écrivain. » (À Louise Colet, 8-9 mai 1852.)
  Le roman, *Madame Bovary*, vous semble-t-il illustrer ce propos ?

- Comment comprendre le sous-titre de *Madame Bovary*, « Mœurs de province » ?

- Dans quelle mesure pourrait-on intituler le roman de Flaubert « À la recherche du temps perdu » ?

- Charles n'est-il qu'un personnage dérisoire ?
- Flaubert a-t-il écrit avec *Madame Bovary* un roman d'amour ?
- Comment interprétez-vous les expressions « ma Bovary » ou « ma petite femme » qu'utilise Flaubert, dans sa correspondance, pour parler de l'héroïne de son roman ?

Sujets sur 8 points

- Quel est le rôle du monde paysan dans le roman ?
- Pourquoi le château de la Vaubyessard répond-il aux aspirations d'Emma ?
- Quel rôle Lheureux joue-t-il dans le destin de l'héroïne ?
- Quelle image de la famille le roman propose-t-il ?

Sujets corrigés

Plans détaillés

Sujet 1

Justifiez l'utilisation du discours indirect libre dans *Madame Bovary* (8 points).

Introduction

L'utilisation du discours indirect libre, dans *Madame Bovary*, n'est pas une nouveauté ; on le trouve déjà dans certaines fables de La Fontaine. Ce qui est nouveau, en revanche c'est à la fois le caractère systématique et l'originalité de cette utilisation par Flaubert.

I. Une utilisation traditionnelle

A. Dans le discours indirect libre, les paroles sont rapportées, comme dans le discours indirect, après un verbe déclaratif (dire, parler) mais sans terme introducteur (conjonction de subordination). Par exemple, à propos de la veuve Dubuc (I, 1) : « [Elle] lui parlait de ses chagrins : il l'oubliait, il en aimait une autre ! »

B. Le discours direct est souvent choisi, par les romanciers, depuis Flaubert en particulier, pour son élégance, sa souplesse : il évite de répéter les mots introducteurs du discours indirect, et permet de condenser éventuellement les propos rapportés. Ainsi, quand Emma dit regretter de ne plus pouvoir jouer de piano (III, 4) : « Alors on la plaignait. C'était dommage ! elle qui avait un si beau talent ! »

C. Il présente également l'avantage de s'intégrer, sans rupture, dans la narration ; par exemple, quand Bovary, à la demande d'Emma, écrit à sa mère pour demander sa part d'héritage (III, 6) : « La belle-mère répondit n'avoir plus rien ; la liquidation était close, et il leur restait, outre Barneville, six cents livres de rente, qu'elle leur servirait exactement. » On voit, ici, que les propos de la belle-mère prolongent la narration comme s'ils en faisaient partie.

II. Une utilisation originale

A. Dans la forme

- La très grande majorité des passages en discours indirect libre, dans *Madame Bovary*, correspondent à des monologues intérieurs des personnages, principalement d'Emma.
- Ils sont reconnaissables, dans la plupart des cas, à une forme particulière : la parataxe*, les phrases interrogatives et exclamatives, qui peuvent traduire des doutes,

des émotions fortes, une incompréhension, un regret voire une révolte du personnage. Ainsi, quand Léon est parti, Emma se désole : « Quels bons soleils ils avaient eus ! [...] Ah ! il était parti, le seul charme de sa vie, le seul espoir possible d'une félicité ! Comment n'avait-elle pas saisi ce bonheur-là quand il se présentait ! Pourquoi ne l'avoir pas retenu à deux mains ? »

B. Dans le contenu

- En s'intégrant parfaitement dans la narration, le discours indirect libre est fondamentalement ambigu. Il semble rapporter objectivement les paroles ou les pensées du personnage mais suggère, en même temps, la présence d'un narrateur qui se substitue au personnage. Par exemple, à la réception d'une lettre de son père, Emma repense à son enfance : « Elle se rappela des soirs d'été [...]. Quel bonheur dans ce temps-là ! quelle liberté ! quel espoir ! quelle abondance d'illusions ! Il n'en restait plus maintenant ! [...] Mais qui donc la rendait si malheureuse ? Où était la catastrophe extraordinaire qui l'avait bouleversée ? Et elle releva la tête [...], comme pour chercher la cause de ce qui la faisait souffrir. »
- La présence du narrateur semble entraîner un jugement implicite de sa part et l'on peut comprendre les interrogations et les exclamations du discours indirect libre comme une proximité compassionnelle ou une distance et une condamnation ironiques. Ainsi quand Léon et Emma discutent de choses apparemment anodines (II, 3) : « N'avaient-ils rien autre chose à se dire ? » S'agit-il d'une pensée des personnages ou d'une remarque désobligeante ou attristée du narrateur qui s'étonne de leur réserve ?

– Le discours indirect libre est, en outre, une façon élégante de présenter le caractère de chacun, d'en faire le portrait autrement que dans un long passage descriptif, à la manière de Balzac, qui ralentirait la narration ; les pensées de Charles ont ainsi toujours un caractère prosaïque ; sur Emma (I, 3) : « Puis il se demanda ce qu'elle deviendrait, si elle se marierait, et à qui ? hélas ! le père Rouault était bien riche, et elle !... si belle ! », et sur sa fille Berthe (II, 12) : « Il la voyait déjà revenant de l'école à la tombée du jour [...] ; puis il faudrait la mettre en pension, cela coûterait beaucoup ; comment faire ? » Le passage qui suit sur les rêves d'Emma en dit long sur la différence de leurs préoccupations et de leur caractère.

Conclusion

Le discours indirect libre est très souvent utilisé dans *Madame Bovary*, parce qu'il permet d'éviter les lourdeurs et les répétitions que Flaubert redoutait particulièrement. C'est aussi un moyen pour lui, de regrouper en une seule unité les éléments constitutifs du roman : le discours, la description et la narration. C'est enfin une façon de présenter les propos des personnages de manière à les faire apparaître comme un jugement implicite du narrateur, et derrière lui de l'auteur, en contradiction parfois avec le procédé affiché de l'impersonnalité.

Sujet 2

Les objets dans *Madame Bovary*

Introduction

Dans leur *Journal*, les Frères Goncourt notaient à propos de *Madame Bovary* : « Les accessoires y vivent autant et presque au même plan que les gens. Le milieu des choses y a tant de relief autour des sentiments et des passions, qu'il les étouffe presque[1]. » Ce jugement révèle bien une dimension centrale du roman, mais plutôt qu'un défaut, c'est ce qui en constitue l'originalité et la force, même si ces caractéristiques ne pouvaient que surprendre et décevoir les contemporains.

I. Les accessoires d'un roman réaliste

A. Peignent la société

- Description des différents milieux sociaux composant la société : les paysans à la noce, les Rolet, la ferme des Bertaux, le château de la Vaubyessard, les intérieurs de Rodolphe, maître Guillaumin, M. Homais, Charles.
- Une hiérarchie bien visible par la comparaison et les effets de contraste : vêtements, ameublement, nourriture. Outils, ustensiles ou objets purement décoratifs, ordre ou désordre, propreté ou crasse.

Malgré le poids des traditions, le roman reflète les évolutions durant la Monarchie de juillet.

B. et son évolution

- Le développement du commerce : symbolisé par Lheureux au nom emblématique : développement des voies de communication (présentation d'Yonville, discours de Lieuvain aux comices, de nouveaux moyens

1. 10 décembre 1860.

de transport, la nouvelle compagnie remplaçant la vieille *Hirondelle*).

– De nouveaux produits : de nouveaux besoins ou de nouveaux désirs (Mme Bovary mère condamne l'achat de fauteuils inutiles), les symboles du luxe devenus abordables (les tapis).

– De nouveaux modes de production ou reproduction : « *l'Art industriel* » (nom révélateur porté par l'entreprise de M. Arnoux dans *L'Éducation sentimentale*) : le porte-cigares offert à Rodolphe « tout pareil à celui du vicomte », la cravache trouvée dans un vulgaire magasin de parapluies, le daguerréotype de Charles, les reproductions chez Guillaumin.

– De nouveaux moyens de paiement : le développement du crédit qui enrichit les uns (Lheureux, Guillaumin) et ruine les autres (les différentes victimes des précédents).

C. Caractérisent les personnages

– Les intérieurs reflètent le niveau social, la profession, mais aussi la psychologie des personnages : Rodolphe et les témoignages de sa vanité dénoncés par Emma, l'intérieur rêvé de Léon à Paris, le raffinement de la salle à manger du notaire, la chambre d'hôtel des amants à Rouen.

– Les attributs : Homais, ses bocaux et sa cafetière, Binet et son tour, Bournisien, son parapluie, son « gros livre noir », Charles, sa tête phrénologique, cadeau de Léon, son *Dictionnaire médical* non coupé, Lheureux et son énorme coffre-fort.

II. Des repères dans le parcours du roman

A. Reflètent les relations entre les personnages

- Les cadeaux : d'Emma à Léon (tapis précieux qui fait jaser), à Rodolphe (cravache, cachet *amor nel cor*), à Hippolyte (une jambe de bois), de Léon à Charles (tête phrénologique !). Les échanges de miniatures, d'anneaux.
- Les vols, les emprunts : Félicité s'enfuit avec Théodore en emportant la garde-robe de sa maîtresse et achève de s'identifier à elle. Les cheveux coupés sur le cadavre d'Emma.
- Les ventes et les achats : Emma dépendante de Lheureux.
- Les mots et lettres échangés.

B. servent même de repères dans leur évolution :

« la dorure du baromètre, sur qui frappait un rayon de soleil, étalait des feux dans la glace, entre les découpures du polypier » (premier retour de Rodolphe après les comices) vs « roulant entre ses doigts un des brins du polypier qu'elle avait cassé », « le baromètre bondit de la muraille et s'écrasa par terre. » (colère d'Emma contre Charles après l'échec de l'opération, prélude aux retrouvailles avec Rodolphe).

- Le gilet d'homme d'Emma et sa cigarette, symboles de sa liberté affichée, la « spirale d'or » dont s'entoure Homais à la fin, symbole de sa réussite.
- Reprises et variantes révélatrices : le curé de plâtre à l'installation, « s'écaillant » après le bal, « écrasé en mille morceaux » lors du déménagement, le bouquet de mariage brûlé au départ de Tostes, la lettre de rupture de Rodolphe retrouvée « en boulette » par Charles, « billets doux » « lettres de Léon » dans le « compartiment secret » d'Emma, robe de mariée trop longue pour

le cortège dans les champs et dont on la revêt morte, cachet *amor nel cor* pour la lettre de rupture.

- Le ronflement du tour de Binet entendu aux moments clefs.

C. Servent de support à la satire

- Objets futiles et absurdes.
- Étalage et mauvais goût : les bibelots kitsch envahissant les intérieurs petit-bourgeois (« boîte en coquillages »).

III. Une portée symbolique

A. La consommation

- Objet : cristallisation du fantasme : les illustrations des lectures d'Emma, retrouvées sur les assiettes peintes, transposées en rêveries pleines d'objets symboliques du monde fictif et idéal. Les rêves de courses à Paris.
- Le fantasme, le désir prend donc corps, se concrétise dans l'objet et sa possession se substitue à la jouissance. Lheureux s'offre pour rendre possible la consommation, entendue dans les deux sens, par « cette facilité de satisfaire tous ses caprices ». Les rôles d'épouse idéale ou de sainte passent eux aussi par des objets emblématiques : chapelets, amulettes, reliquaire, livres pieux.
- Objet devenu talisman magique : le porte-cigares du vicomte, le tapis de la chambre de Rouen.

B. L'impossible assouvissement

- La profusion apparente des objets : thème récurrent de la pyramide, objet lui-même conçu comme empilement, somme (la casquette de Charbovari, la pièce montée de la noce) mais entassement qui se révèle inutile et vide (à l'image des innombrables ronds de serviette de Binet).

- Théorie psychanalytique de Jacques Lacan : l'objet a (*petit a*) désigne l'objet correspondant au désir. Comme ce dernier ne peut être désigné par aucun objet réel, il manque donc toujours quelque chose, qui ne peut être symbolisé.

C. La disparition de l'humain

- Épisode emblématique d'Hippolyte : on enferme sa jambe dans une boîte, on la lui coupe et on la remplace par une mécanique artificielle.
- Mise en boîte : la scène du fiacre, les trois cercueils d'Emma.
- Les personnages réduits à des parties de leur corps conçues comme objets (étymologiquement « jetés devant, hors de »), objets de chair exposés par paires (les deux pieds, mains, cuisses).
- Des personnages ramenés à des objets métonymies* et métaphores* : Charles devient sa casquette, les femmes du bal remplacées par leurs toilettes, bijoux, éventails, Emma et son « ombrelle » (ombre d'elle).

D. Le néant

Et en effet, dans le roman, l'apparente multiplication dit finalement le néant.

- Objets symboliques des Vanités* : fragilité, usure, flétrissement, pulvérisation, crémation.
- Les « objets » (3 occurrences seulement du mot dans le roman avec une connotation réaliste, concrète) devenus « choses » (50 occurrences du mot avec la connotation de vague, usé, disparu).

Conclusion

Avec *Madame Bovary* Flaubert ambitionnait d'écrire un livre « sur rien ». Il y parvient, et de manière paradoxale en apparence. Le roman semble en effet à première vue rempli d'objets de toute nature, ils débordent, envahissent, se substituent même aux personnages. Pourtant, on peut rappeler que le mot « choses » en latin, *res*, donne précisément en français « rien ». L'entassement, la profusion, en viennent à dire le vide, la vacuité des êtres et du monde, leur vanité aussi. *Madame Bovary*, au-delà de sa dimension satirique qui réduit les autorités sociales, politiques, idéologiques à de vulgaires objets, se révèle donc en fin de compte une œuvre véritablement *métaphysique*.

Sujets rédigés

Sujet 1

Dans quelle mesure Emma est-elle victime de ses lectures ? (12 points)

Le chapitre consacré à l'éducation d'Emma (I, 6) et à ses lectures au couvent des Ursulines, est un de ceux que Flaubert a préparé le plus minutieusement. Pendant le mois de mars 1852, il se renseigne sur les keepsakes*, se force à lire des livres pour enfants qu'il trouve du reste indigents et néfastes. Le 27 mars, il écrit dans une lettre : « J'ai fini de barbouiller la première idée de mes rêves de jeune fille. » Toute cette lente élaboration prouve à quel point il accorde de l'importance à la lecture, pour comprendre le caractère et le destin malheureux de celle qui va devenir madame Bovary. Dès le chapitre suivant (I, 7), d'ailleurs, il parle de l'« insaisissable malaise » qui étreint Emma après son mariage quand elle imagine ce qu'aurait pu être la lune de miel si elle s'était déroulée comme dans les livres. Dès le début donc, l**a lecture joue un rôle négatif dans la vie d'Emma**.

Mais de quelle lecture s'agit-il ? Et suffit-elle à expliquer son suicide ?

* *

Rien ne prédisposait Emma à la lecture ; fille de la campagne, élevée par son père, veuf, « chargée presque à elle seule des soins de la ferme », elle n'avait guère l'occasion de lire. Certes, elle a lu très tôt, *Paul et Virginie*, et rêvé aux personnages et aux décors exotiques que décrit Bernardin de Saint-Pierre dans son roman. Mais c'est au couvent où l'a mise son père, dès l'âge de 13 ans, qu'elle découvre vraiment le plaisir et l'intérêt de la lecture. Elle doit cette découverte à une vieille fille qui prête, en cachette, des romans d'amour et d'aventure parce qu'elle sait que les résumés d'Histoire sainte ou les passages du *Génie du christianisme* de Chateaubriand (1802), qu'on fait lire aux élèves avant la prière du soir, ne répondent pas à leur attente.

D'ailleurs, quand, quelques années plus tard et sur les conseils de l'abbé Bournisien, Emma essaie de lire des œuvres édifiantes ou des pamphlets religieux, les livres lui tombent vite des mains ; elle n'apprécie guère non plus les lectures sérieuses « de l'histoire et de la philosophie » ; quant aux velléités d'apprendre l'italien à l'aide d'un dictionnaire ou d'une grammaire, voilà ce qu'en dit Flaubert :

> *« Il en était de ses lectures comme de ses tapisseries, qui, toutes commencées encombraient son armoire ; elle les prenait, les quittait, passait à d'autres. » (II, 7)*

Pourtant le choix des livres témoigne de **goûts apparemment très éclectiques qui semblent varier en fonction des situations** ; cela va des keepsakes* (I, 6), dans le couvent, aux œuvres de Walter Scott, un peu plus tard ; des journaux de modes aux livres de Balzac, quand elle rêve de Paris et de ses fastes (I, 9) ; des lectures religieuses, en pleine crise mystique (II, 14) aux livres « extravagants » où il y a des « tableaux orgiaques avec des situations sanglantes[1] », au moment où, à la fin du roman, ses désirs sont si puissants qu'elle n'hésite pas à participer, à la mi-carême, à un bal masqué dans les milieux interlopes de Rouen (III, 6).

* *

La plupart de ces lectures ont cependant un point commun : le romantisme. Emma, en effet, est attirée

1. On pense bien sûr aux œuvres du marquis de Sade (1740-1814) que connaît Flaubert.

essentiellement par la littérature romantique ou plutôt elle recherche dans le romantisme, sans aucune considération esthétique, morale ou sociale, tout ce qui satisfait immédiatement et égoïstement, sa soif d'évasion et d'amour. Ses choix de lecture s'expliquent ainsi par l'un des traits fondamentaux de son caractère :

> *« Il fallait qu'elle pût retirer des choses une sorte de profit personnel ; et elle rejetait comme inutile tout ce qui ne contribuait pas à la consommation immédiate de son cœur, – étant de tempérament plus sentimentale qu'artiste, cherchant des émotions et non des paysages. » (I, 6)*

Autant dire qu'**Emma, tout au long du roman, apparaît plus comme une consommatrice de livres que comme une véritable lectrice**, que la littérature nourrit davantage son imagination, au demeurant assez pauvre, que sa réflexion, et qu'elle dissimule ses désirs et sa nature sensuelle derrière le paravent d'un idéal romanesque. Après qu'elle a cédé à Rodolphe, Flaubert note ainsi :

> *« Elle devenait elle-même comme une partie véritable de ces imaginations et réalisait la longue rêverie de sa jeunesse, en se considérant dans ce type d'amoureuse qu'elle avait tant envié. » (II, 9)*

Ses désirs sont conditionnés par les désirs des modèles puisés dans ses lectures d'adolescente. C'est la raison pour laquelle elle n'en conserve que les poncifs d'une sentimentalité un peu naïve et les clichés les plus éculés de l'imaginaire romantique, entre autres les rendez-vous galants au clair de lune, les belles persécutées et la passion dévorante des amants, « braves comme des lions, doux comme des agneaux » et, ajoute Flaubert ironiquement, « vertueux comme on ne l'est pas, toujours bien mis et qui pleurent comme des urnes » (*id.*). On comprend pourquoi, plus tard, elle sera séduite par

Rodolphe et Léon, qui paraissent, à eux deux, correspondre à l'image qu'elle se faisait de l'amant idéal ; mais **on comprend aussi sa déception quand elle s'apercevra de la médiocrité de leurs sentiments**.

D'ailleurs, dans l'une de ses premières confidences à Léon, elle explique ce qu'elle attend de la littérature, et à travers elle, des hommes :

> *« J'adore les histoires qui se suivent tout d'une haleine, où l'on a peur. Je déteste les héros communs et les sentiments tempérés comme il y en a dans la nature. » (II, 2)*

Ainsi, à partir de ses lectures, **Emma se construit-elle un univers très éloigné de la réalité.** Ce qu'on qualifiera par la suite de bovarysme, c'est précisément **ce décalage entre l'imaginaire et le réel qui explique, en partie du moins, son destin tragique**. Elle n'est pas de son temps parce qu'elle vit, comme Don Quichotte, dans le monde idéalisé de lectures qui sont, pour elle, autant de moyens de ne pas s'accepter telle qu'elle est et de fuir le présent pour se réfugier dans un ailleurs ou un au-delà illusoires. Dans la France sans idéal de Louis-Philippe, en effet, et au sein de l'univers étriqué et médiocre de Tostes et d'Yonville, Emma étouffe et ne trouve rien qui réponde à ses aspirations. Et comme le héros de Cervantès, elle va d'échecs en échecs, de désillusions en désillusions, sans avoir, toutefois, un Sancho Pança pour lui venir en aide.

* *

Si elle est victime de son éducation et de ses lectures, **elle est également victime, en tant que femme, d'une société dominée exclusivement par les hommes**. Bien qu'elle ne soit pas féministe, au sens moderne du terme, elle a parfaitement conscience que **ses désirs et ses fantasmes s'opposent**

aux mœurs et à la loi qui les censurent. L'exclamation « J'ai un amant ! » (II, 9), qu'elle répète après s'être donnée à Rodolphe, sonne à la fois comme un cri de joie et comme un défi. C'est sans doute pourquoi elle aurait souhaité avoir un fils, « un homme, au moins est libre », pense-t-elle, alors qu'une femme a contre elle « les mollesses de la chair avec les dépendances de la loi » (II, 3). On ne reproche pas à Rodolphe ses conquêtes féminines, ni au vieux duc à la Vaubyessard, d'avoir été l'amant de Marie-Antoinette ; on l'admire même. Mais les « bourgeoises d'Yonville » trouvent à redire « aux airs évaporés » d'Emma (II, 7) et les commères qui l'observent de loin, en pensant qu'elle fait des avances à Binet, estiment qu'« on devrait fouetter ces femmes-là » (III, 7). Paradoxalement ce sont d'ailleurs les femmes qui (par jalousie ?) s'en prennent à sa manière d'être.

La mère de Charles n'est pas en reste puisqu'elle condamne les romans et suggère qu'on désabonne Emma d'un cabinet de lecture. Mais surtout, devant ses dépenses inconsidérées, elle exige de son fils qu'il reprenne la procuration donnée à sa femme (III, 5). Car **l'argent joue un rôle important dans le roman**, non seulement parce qu'il manifeste la dépendance d'Emma à l'égard de son mari, mais aussi et peut-être surtout, parce qu'il est un moyen, pour elle, d'assouvir ses désirs, tant vis-à-vis de ses amants qu'elle couvre de cadeaux, que pour elle-même. Consommatrice de livres elle l'est aussi d'articles de mode et de produits de luxe. Lecture et achats sont ainsi intimement liés, par le même désir d'échapper à la réalité présente, comme on le constate lorsque, après le bal à la Vaubyessard, elle achète un plan de Paris pour imaginer les endroits où elle pourrait faire « des courses » (I, 9).

Ainsi se combinent, très tôt, plusieurs facteurs pour expliquer son mal-être :

« Alors, les appétits de la chair, les convoitises d'argent et la mélancolie de la passion, tout se confondit dans une même souffrance. » (II, 5)

L'échec de la passion, **les dettes accumulées et la menace d'une saisie, dans la troisième partie ne feront que précipiter sa chute et sa mort**. On comprend mieux, dès lors, le rôle que joue Lheureux, déjà présent dans la diligence qui conduit Charles et Emma à Yonville et qui apparaît, par la suite, comme par hasard, lorsqu'Emma, par exemple, « vient de découvrir une lézarde dans le mur », autrement dit la médiocrité de son mari (II, 5) ou, au contraire, quand elle redoute sa présence, comme lors de l'épisode où il la surprend, à Rouen au bras de son amant (III, 5). Personnage cauteleux, tour à tour servile et menaçant, il semble avoir percé avant tous les autres la véritable nature de madame Bovary et il anticipe tous ses désirs en usant de la tentation ou du mensonge. Véritable figure d'un commerce triomphant sous le règne de Louis-Philippe, il est surtout, en dépit de son nom, l'instrument diabolique du malheur d'Emma, et l'incarnation de la fatalité qui la pousse au suicide.

* *

Les lectures romantiques, et plus généralement l'éducation reçue dans le couvent, sont donc le point de départ d'un engrenage qui va être fatal à Emma ; mais elles ne sont pas la seule explication que l'on peut donner de son suicide. Elles ne font, en fait, que développer ce qui était déjà dans son caractère et mettent en évidence, par contraste, ce que l'époque interdit aux femmes : la liberté sexuelle et l'indépendance financière. **Victime de sa nature et de la société, madame Bovary a la dimension d'un personnage de la tragédie antique** comme en témoigne le seul grand mot que Flaubert prête à Charles : « C'est la faute de la fatalité ! »

Note : On aurait pu proposer, sur le même thème un sujet proche : « Pourquoi Emma est-elle victime de ses lectures ? »

Il aurait fallu, alors, porter la réflexion uniquement sur le rôle que jouent les lectures dans le destin de madame Bovary. Le plan attendu était donc totalement différent.

Sujet 2

Homais, l'anti-Flaubert ?

Dans le premier scénario général, M. Homais n'apparaissait que comme logeur du futur Léon mais, progressivement, Flaubert a développé le personnage jusqu'à fermer son roman sur lui. Le pharmacien cristallise en effet tout ce que l'auteur déteste et, chaque fois qu'il le met en scène ou lui donne la parole, Flaubert en profite pour s'en prendre à son ennemie de toujours, la Bêtise, sous toutes ses formes. Cependant, par le rôle capital qu'il joue dans *Madame Bovary*, Homais pourrait bien se révéler aussi une sorte de double du romancier qui entretient avec lui des relations plus ambivalentes.

* *

Homais semble bien concentrer en lui tous les défauts que Flaubert condamne. Quand ce dernier affirme dans sa correspondance : « L'auteur dans son œuvre, doit être comme Dieu dans l'univers, présent partout, et visible nulle part. », le pharmacien, lui, envahit le roman. Il s'y déploie à l'image de « l'enseigne, qui tient toute la largeur de la boutique [et] porte en lettres d'or : *Homais, pharmacien.* » : 99 fois sous son nom, 73 sous le mot « pharmacien » et 51 comme « apothicaire » ! En tout 223 donc ; par comparaison, le prénom « Charles » se retrouve 191 fois et « Madame Bovary » ou « Emma », 356. Si on le trouve très symboliquement en pantoufles dès sa première apparition au *Lion d'or*, c'est sans doute qu'il est partout chez lui. Lors des comices, il semble passer tout en revue sans épargner les critiques, il veille à tout, a l'œil sur tout et tout le monde. Quand, par extraordinaire, il s'autorise une escapade à Rouen en compagnie de Léon, « il ne confi[e] son projet à personne, dans la crainte d'inquiéter le public par son absence ». Une fois encore, sous le discours indirect libre, ce sont bien les pensées vaniteuses du personnage qui transparaissent.

Sa vanité est en effet immense et le dernier chapitre du roman en constitue le couronnement avec son obsession quasi pathologique de la croix qu'il fait dessiner en gazon dans son jardin pour « se promen[er] autour, les bras croisés, en méditant sur l'ineptie du gouvernement et l'ingratitude des hommes ».

Pour réussir, il s'emploie à flatter les puissants, accueille Canivet « avec un sourire de courtisan » pour faire oublier qu'il est le premier responsable de cette amputation inutile, s'empresse d'offrir à dîner aux deux médecins, de faire étalage de ses connaissances et de ses ressources, « r[end] secrètement à M. le Préfet de grands services dans les élections » et va même jusqu'à adresser « au souverain une pétition ».

Le pharmacien ramène aussi tout à sa personne. Tout ce que disent les autres devient prétexte à témoigner de son expérience à lui et à faire surtout étalage de son prétendu savoir. Qu'il s'exprime sur la pharmacie, passe encore, mais il prétend faire concurrence aux médecins, a des théories sur le billard, la littérature, l'agriculture car, comme il le dit à Mme Lefrançois : « Croyez-vous qu'il faille, pour être agronome, avoir soi-même labouré la terre ou engraissé des volailles ? » Bref, rien ne semble échapper à cet esprit encyclopédique. Flaubert, au contraire, semble s'interdire tout commentaire dans ses livres, explicite du moins, car il procède par sous-entendus ironiques mais demeure, lui, dans l'ombre grâce au discours indirect libre en particulier.

Même s'il maîtrise la confection des confitures, le domaine de prédilection d'Homais demeure la théorie, mais en réalité il ne fait étalage que de ce que Flaubert dénonce dans son *Dictionnaire des idées reçues.* On pourrait comparer dans ce dernier « PRÊTRES. – On devrait les châtrer. Couchent avec leurs bonnes et en ont des enfants qu'ils appellent leurs neveux. C'est égal, il y en a de bons tout de même » avec la remarque d'Homais après la sortie de l'abbé Bournisien : « Moi, si j'étais le gouvernement, je voudrais qu'on saignât les prêtres une fois par mois [...] dans l'intérêt de la police et des mœurs ! »

Les exemples abondent. Homais tire l'essentiel de sa prétendue science du journal qu'il « s[ait] presque par cœur » et dont il ne paraît jamais se séparer. *Le Fanal de Rouen*, dont il est l'honorable correspondant, fait autorité dans tous les domaines et, même quand le pharmacien cite Shakespeare, il le fait par le biais du quotidien : « *That is the question* ! comme je lisais dernièrement dans le journal. »

Cette façon de s'exprimer, ce que Flaubert qualifiait de « parlage », représente de fait l'exact opposé du « style ». Homais recherche les bons mots, l'esprit, qui font horreur au romancier, il affecte d'utiliser un langage à la mode mais qui, mis dans sa bouche, doit le distinguer. C'est tantôt le jargon auquel il a recours, ou plutôt les jargons car un esprit encyclopédique comme le sien a le mot juste et précis dans tous les domaines où il s'exprime. Il ne peut y renoncer même face au docteur Larivière, « étal[ant] son érudition, cit[ant] pêle-mêle les cantharides, l'upas, le mancenillier, la vipère » Faut-il proposer du sucre au café ? Ce sera du « Saccharum » !

Il use aussi à l'occasion du style canaille pour afficher une prétendue décontraction comme lors de son voyage à Rouen : « [...] même il parlait argot afin d'éblouir les bourgeois, disant *turne, bazar, chicard, chicandard, Breda-street*, et *Je me la casse*, pour : Je m'en vais. » Flaubert, à l'inverse, même quand il doit rédiger un dialogue trivial, use de la plus extrême correction, remplaçant par exemple la première version de la question du gamin à Charles : « C'est-y vous qu'est le médecin ? » par « Êtes-vous le médecin ? »

Or, et c'est là le comble, l'apothicaire a des prétentions d'auteur. Non content d'écrire des articles ronflants dont Flaubert donne trois échantillons particulièrement savoureux, il voudrait qu'on le publie. Son premier titre « *Du cidre, de sa fabrication et de ses effets* », sans oublier l'essentiel, « *suivi de quelques réflexions nouvelles à ce sujet* », ne lui suffit pas : « Cependant il étouffait dans les limites étroites du journalisme, et bientôt il lui fallu le livre, l'ouvrage ! » Aux yeux de Flaubert, véritable écrivain qui consacre sa vie à l'écriture, une telle prétention signe le comble de l'abomination.

Homais représente donc la caricature parfaite du « bourgeois », tel que l'avait créée Henri Monnier avec Monsieur Prudhomme, tel surtout que, tout jeune encore, Flaubert avait imaginé « le Garçon » dont il interprétait le rôle au cours de sketches improvisés avec ses amis.

Enfin, et c'est sans doute ce qui achève de rendre le personnage odieux, Homais, non seulement ne fait preuve d'aucune compassion pour quiconque, mais ne s'embarrasse guère de faire d'innocentes victimes pour parvenir à ses fins. Quand Charles l'a chargé d'« apprendre avec ménagement » à sa femme l'« horrible nouvelle » du décès de son père, il oublie sous le coup d'une colère disproportionnée le « chef-d'œuvre de prudence et de transitions » qu'il a composé et se contente d'un brutal : « Votre beau-père est mort ! »

Homais représente avec Lheureux le clan des vainqueurs. Même si sa responsabilité à lui ne semble pas directement engagée dans la ruine de l'officier de santé, l'échec des trois médecins qui lui succèdent, « battus en brèche » par le trop habile pharmacien, semble confirmer que, dans tous les cas, elle ne le peine pas. Même avec son adversaire proclamé, l'abbé Bournisien, il se révèle finalement complice puisqu'ils se partagent le pouvoir sur les esprits et les âmes. Tous les deux, repus, finissent par s'endormir auprès du cadavre d'Emma. Ce sont les faibles auxquels s'en prend avant tout Homais : Hippolyte, et pour finir l'aveugle qu'il poursuit de sa haine et qu'il n'aura de cesse de faire enfermer.

Cependant, aussi insupportable soit le personnage, on est frappé de lui découvrir des points communs avec le romancier.

* *

Tout d'abord, l'entreprise de dénonciation des Idées reçues par Flaubert ne va pas sans quelque ambiguïté. Jean-Paul Sartre l'a bien analysé dans *L'Idiot de la famille*. Pour se moquer des clichés, il les relève, les copie, les restitue tels quels, sans condamnation apparente, comme s'ils la portaient en eux-mêmes. De plus, on est frappé de constater en lisant par exemple la correspondance de Flaubert, qu'il émet lui-même sur bien des sujets des opinions qui ne dépareraient pas dans la bouche d'Homais. Comme le dit Sartre, Flaubert « ne s'exprime pas *comme* le bourgeois ; il parle *en* bourgeois *parce qu'il est bourgeois.* » En ce sens, Homais apparaît comme une sorte de double honni qui remplit une fonction de catharsis, d'exorcisme, pour l'auteur. Ce que lui reproche Flaubert, c'est moins la teneur de son discours, il partage par exemple son anticléricalisme, c'est d'en faire un dogme, de prétendre à une telle certitude, avec une telle violence, alors que la sagesse commanderait la modestie.

On pourrait ajouter qu'en un sens, Flaubert est lui aussi un « médecin raté », même s'il n'a pas enfreint comme Homais « la loi du 19 ventôse an XI, article 1°, qui défend à tout individu non porteur de diplôme l'exercice de la médecine. » Il a aussi le goût de l'encyclopédisme et sa bibliothèque personnelle n'a rien à envier à celle du pharmacien. Sur tous les sujets, il prétend acquérir la science, multiplie lectures, fiches et consultations de toutes sortes.

Mais surtout, on peut faire remarquer qu'Homais tient le rôle du romancier dans l'œuvre par ses fonctions d'oracle et d'agent du destin. Flaubert donne l'impression de lui avoir délégué ses fonctions de démiurge.

Il se trouve présent à tous les moments importants de la vie de l'héroïne : il l'accueille avec son mari à Yonville bien sûr, ne peut qu'être le parrain de la petite Berthe, mais favorise aussi la liaison amoureuse avec Léon au cours des soirées qu'il organise et où il a la délicatesse de s'endormir avec Charles après leur partie de dominos, laissant les deux amoureux transis en tête à tête : « Léon s'arrêtait, désignant d'un geste son auditoire endormi ; alors ils se parlaient à voix basse, et la conversation qu'ils avaient leur semblait plus douce, parce qu'elle n'était pas entendue. »

Il est également appelé pendant la saignée et assiste ainsi à la rencontre d'Emma et de Rodolphe. Il se précipite pour aller offrir ses hommages à madame Bovary qui se promène au bras du séducteur lors des comices, accompagne encore leur départ pour la promenade à cheval qui verra l'héroïne succomber à la tentation. C'est lui qui pousse Charles à emmener sa femme à l'opéra « voir l'illustre ténor Lagardy » pour la distraire. Lui-même d'ailleurs ira rendre visite à Léon à Rouen, privant Emma de la présence de son amant et précipitant la déception qu'elle conçoit de cette liaison.

Flaubert s'est même plu à souligner cette présence insistante par des remarques d'Homais, remarques dont l'ironie tragique se révèle *a posteriori*. Ainsi, au couple de cavaliers qui s'éloignent vers la forêt, il lance : « – Bonne promenade ! [...]. De la prudence, surtout ! de la prudence ! » Quand il est appelé d'urgence au chevet d'Emma qui se trouve mal au départ de Rodolphe, il la ranime avec un peu de vinaigre aromatique et triomphant conclut : « J'en étais sûr ; cela vous réveillerait un mort. », préfigurant ainsi l'agonie à venir et sa propre impuissance, non sans que Flaubert succombe à la tentation d'une ironie mordante. Au couple Bovary en route pour l'opéra, il adresse aussi son prophétique : « – Allons, bon voyage ! [...] heureux mortels que vous êtes ! Puis, s'adressant à Emma, qui portait une robe de soie bleue à quatre falbalas : Je vous trouve jolie comme un Amour ! Vous allez *faire florès* à Rouen. »

C'est encore lui que le romancier charge de révéler devant Emma la place et les dangers de l'arsenic.

On objectera qu'un point distingue fondamentalement le pharmacien du romancier : le style. C'est vrai mais ici encore, Homais peut apparaître comme un double de Flaubert, un Flaubert qui ne résisterait pas à la tentation de la parodie et s'y laisserait aller de manière excessive, sans prendre garde à la tenue générale qu'il entend conserver dans son livre. Les trois articles d'Homais en effet pourraient, si l'on y regarde bien, être du Flaubert par l'énormité des formules qu'il y accumule et qui visent à déclencher un rire libérateur. Le romancier se félicite de ce que l'article d'Homais sur les comices, par exemple, résume son propre chapitre, qu'il juge dangereusement développé pour la patience du lecteur. Au pharmacien revient donc la tâche d'offrir une sorte de condensé de satire flaubertienne plus abordable.

C'est finalement au docteur Larivière que Flaubert confie le soin d'un mot décisif sur Homais : « Oh ! ce n'est pas le *sens* qui le gêne. », et d'ajouter cette précision qui achève de ruiner les prétentions du pharmacien : « Et, souriant un peu de ce calembour inaperçu ».

Flaubert avait au départ imaginé une fin à la tonalité quasi fantastique et à la mesure de ce qu'était devenu ce qu'on pourrait appeler son duel avec le pharmacien. Homais est comme victime d'une hallucination :

> *« Doute de lui. – regarde les bocaux – doute de son existence. – ne suis-je qu'un personnage de roman, le fruit d'une imagination en délire, l'invention d'un petit paltaquot que j'ai vu naître et qui m'a inventé pour faire croire que je n'existe pas ».*

Le romancier s'imaginait ainsi en véritable Dieu créateur. Et pour cause : le nom Homais n'est-il pas la variante du latin *homo*, l'Homme ?

LEXIQUE

Allitération: figure de style qui consiste à répéter un même son consonantique. Ex: « Un long charivari [...] de pistons trompettant, de flûtes et de flageolets qui piaulaient » (II, 15).

Analepse: procédé de rhétorique qui consiste à revenir, dans un récit, sur un événement antérieur.

Assonance: répétition, dans une même phrase, d'un même son vocalique. Ex: « Une sonorité cristalline » (II, 10).

Asyndète: absence de liaison (voir parataxe).

Déréliction: état de l'être qui se sent abandonné de Dieu.

Focalisation: point de vue adopté sur les événements ou les personnages décrits dans un roman; ce point de vue peut être interne, externe ou omniscient.

Hexasyllabe (ou hexamètre): vers de six syllabes.

Keepsake: d'origine anglaise, le keepsake était très en vogue à l'époque romantique; il s'agissait d'un album contenant des poèmes, des fragments en prose et des illustrations délicates, souvent mièvres.

Lyrique: adjectif qui qualifie tout écrit exaltant les pensées, les sentiments et les rêves personnels de l'écrivain et exprimant un rapport au monde qu'il cherche à faire partager à son lecteur.

Memento mori: la locution latine, qu'on peut traduire par « souviens-toi que tu vas mourir », désigne des créations artistiques – textes littéraires ou tableaux (les « Vanités ») notamment – qui rappellent que les hommes sont mortels et que leurs activités, leurs plaisirs, leurs intérêts sont vains.

Métaphore: figure de style qui consiste à rapprocher un élément (comparé) d'un autre élément (comparant), sans recours à un mot de liaison.

Métaphysique: partie de la philosophie qui a pour objet la connaissance du principe des choses et qui s'interroge sur l'existence du monde extérieur et sur la nature profonde de l'homme.

Métonymie: figure de rhétorique qui consiste à substituer un terme à un autre terme auquel il est lié par une relation logique (cause-effet, contenu-contenant) ; ex : boire un verre.

Mise en abyme: procédé par lequel on montre une œuvre à l'intérieur d'une œuvre semblable, un récit dans un récit par exemple.

Modalisateur: mot (ou expression) qui révèle l'opinion qu'un locuteur porte sur son propre énoncé ; ex. : certainement, sans doute).

Oxymore: figure de style qui consiste à unir, dans un même groupe de mots, deux termes de sens opposé ; ex : « des difficultés faciles » (III, 7).

Panthéisme: doctrine selon laquelle tout est en Dieu ; on utilise aussi couramment le mot pour qualifier l'attitude d'esprit qui tend à diviniser la nature.

Parataxe: juxtaposition de membres de phrase sans mots de liaison pour indiquer leur rapport logique (ex : aujourd'hui il ne vient pas ; il est malade).

Prolepse: procédé qui consiste à raconter par avance un événement qui a lieu plus tard dans le récit.

Restriction de champ: procédé lié à la focalisation interne qui consiste à restreindre la présentation d'une scène à la perception que peut en avoir un personnage.

Vanités: voir *memento mori*.

TABLE DES MATIÈRES

Troisième partie
LIRE

Quatrième partie
LA RÉCEPTION DE L'ŒUVRE

Cinquième partie
BIBLIOGRAPHIE ET PRINCIPALE FILMOGRAPHIE

Sixième partie
L'ŒUVRE À L'EXAMEN

Aubin
IMPRIMEUR

Achevé d'imprimer en juillet 2014
N° d'impression 1406.0413
Dépôt légal, juillet 2014
Imprimé en France